心理学者が教える

読ませる技術　聞かせる技術

心を動かす、わかりやすい表現のコツ

海保博之　著

ブルーバックス

カバー装幀　芦澤泰偉・児崎雅淑
カバーイラスト　井上陽子
本文デザイン　齋藤ひさの(STUDIO BEAT)
本文図版　さくら工芸社
本文イラスト　高橋カオリ
編集協力　高橋知子

「わかりやすさ」とは、
なんであろうか？
書き手と読み手
話し手と聞き手
——表現する心とわかる心が
共振するところに
発生するものなのである。

CONTENTS

プロローグ 6

認知表現学の基礎

第1章 わかる技術の基礎 ～人間の情報処理システム 20
1節 人間は情報を処理するシステム 21
2節 情報処理システムとしての人間 23

第2章 表現の目的 ～自分を知る・心を解放する・伝える 40
1節 なんのために表現するのか 41
2節 表現のさまざま 48

第3章 表現する前に頭の中で起こっていること 62
1節 構想の具体化 63
2節 構想から表現への変換 70
3節 表現の技術化 85

第4章 さまざまな「わかり方」「わからせ方」 98
1節 「わかる」のさまざま 99
2節 わかる 110
3節 わからせる 116

認知表現学の

実践

第5章 気持ちを引き込む表現の工夫 ～「わかりたい」「わかりそう」と思わせる 132

1節 わかることは楽しい 133

2節 わかりたいと思わせる工夫 137

第6章 相手の知識の世界に配慮する 154

1節 人は誰でも自分なりの世界を持つ 155

2節 メンタルモデルがもたらすもの 161

3節 メンタルモデルに配慮したわかりやすい表現 168

第7章 「読みたい」「聞きたい」気持ちにさせる表現の技術 194

1節 内容と方法と熱意と 195

2節 表現効果を高める道具立て 202

3節 表現効果を確認する 207

Column

情報表示をデザインするために考慮すべきユーザーの認知特性 37 ／ 自己を表現する 59 ／ 具体と抽象 94 ／ わかりにくさに耐える 126 ／ 知的好奇心 151 ／ ステレオタイプ思考 190 ／ 物語化 216

エピローグ 220

索引 巻末

プロローグ

わかりにくい表現が多い現実

世の中には、わかりにくい表現が充満している。ちょっとあたりを見まわしてほしい。会議での提案、学会発表、講演、道の案内板、上司の指示、コンピュータからのメッセージ、大学の教科書、商品のマニュアル（取扱説明書、操作説明書）、企画書、道案内の地図や標識などなど。どうしてこうもわからない表現がたくさんあるのかを考えるだけで腹の立つ思いであるが、今の筆者にとっては、本の素材を提供してもらえるのだから、ありがたいことと言わなければならない。

さて、ここでは、そうした中からわかりにくい表現の典型例のいくつかを取り上げてみる。いずれももとは実例ではあるが、ことを際立たせるためと、事例に関連する方々を傷つけないために少し脚色してある。これは、以後、すべての事例にわたって同じである。

事例0-1　一瞬とまどう表示

図0-1　**駅の階段での表示**
場所を示す矢印だが、動きを示す矢印と受け取られることもある。

上の図は、かつて、ある駅で見かけた表示である。階段を登って行く人と、階段を降りてくる人とを分離する矢印であることに気づくまで、人込みの中でまごまごしてしまった。

事例０－２　わからない人にはわからなくてよい

大学での哲学の一般教養の講義。担当教授はたくさんの著作もあり、聞くところによると、その道の権威とのこと。１２０人が入れる教室も、いささか緊張気味の学生で満員である。先生は15分遅れで登場し（これをアカデミック・タイムと呼ぶのだそうである）、古ぼけた鞄から、これまた古ぼけたノートを出して、いきなりギリシャ哲学の講義がはじまる。椅子に腰掛けてボソボソ、時折、黒板に横文字をちょこちょこと書く。わからない。一生懸命聞こう、聞かねばとの思いはあっても、昨夜の不摂生がたたり、そのうち眼が閉じてくる。突然の救急車の音に驚かされて目をさます。先生は淡々と、しかも楽しそうに講義を続けている。ひそかに周囲を見まわすと、いねむりをする仲間ばかり。講義の回数を重ねるにつれて、仲間の数は減りだす。講義開始後5回にして出席者20名。以後、この数は、ほとんど変わらない。そして、先生の講義の調子も、また、一向に変わる気配もない。

事例0-3　わからないことはわからせられない

これも大学での演習のひとコマ。レポーターは山田理恵さん。「認知機能のモデル化における計算の意味」について報告するところである。配布資料は、自分で書いたレポートのコピー3枚と本からのコピー2枚である。まずは自分のレポートの冒頭から読みはじめ、しばしば本からのコピーの方も読む。「計算可能性とは、チューリング・マシーンによって表現できる事象のモデル化の……」。この一節は、あらかじめ参考図書として指定しておいた本の中にあったことを思い出しながら、そっと受講者を見まわすと、資料のあちらこちらをめくりながら、レポーターの発表を追いかけようとしている。山田さんの発表は、淡々と続く。内容のほとんどは、3冊くらいの関連図書からの丸写しで、聞いている仲間の学生にとっては、お経を聞いているようなものである。20分の発表を、本人は緊張のうちに終えたものの、20分をがまんした仲間は何が何やらわからないことに、いささか不満げ。そこで、質問するように促すも、一人も口を開かない。しかたなく、わからないふりをして、こちらから質問する。

事例0-4　マニュアル通りにやったのに結局は修理に

少々、昔の話で気恥ずかしいが、こんなことがあった。テレビ番組を録画しようと、念願のVTRを購入した。さっそくイラストのたくさん入ったマニュアルを見ながら、同軸ケーブルをソケットにつなぐところをやってみた。わかりやすい。これなら自分にもできる。まず、ペンチでリード線の皮をむき、ソケットの一端につなぐ。次の手順を見ると、ソケットの別の一端にあらかじめ接続固定されているリード線を切断するように書かれている。ここで迷ってしまった。せっかくこれでつながったと思ったのに、一方の線を切れとは何ごとか。何かの間違いであろうと思い、そのままにして接続してみる。映らない。しかたなく、その線をおそるおそる切断してみる。状況は変わらない。ここからが悪戦苦闘。マニュアルのあちこちをひっくりかえしながら裏のボタンを押したり、テレビのチャンネルを動かしたり……。結局、苦戦2時間。納入業者に電話し、明日、説明に来るとの約束を取り付けた。そして、VTRは業者が店に持ち帰ることになり、使えるようになったのは、10日後の夜からであった。

事例0-5　わかりたい人は一生懸命に読め

「本論文は、漢字形に対する視覚中枢処理過程を実験的に明らかにすることによって、漢字形の視覚、認知に障害を有する『視覚・認知機能障害者』の視覚機能の形成のための基礎的資料を得ることを目的に計画された、病理学的、実験的研究をまとめたものである」

ある研究者が書いたある論文の冒頭の一節である。一度読んだだけでは、まずわからない文章である。こうした論文を読んだとき、昔は「さすが」と感心し、自分の頭の悪さを痛感させられ、懸命にわかろうとがんばったものである。しかし、最近は少しずうずうしくなったのか、これはもっとわかりやすく書くべきではないか、と考えることにしている。その方が精神衛生にいいし、自分なりの表現を身につけるきっかけになるからである。

事例0-6　わかりにくい表現にも効用ありか

「確かに小倉税制調査会長の言っておられる税理論を構築した上での整合性というか、それはEC型付加価値税の根幹に存在しているという、私なりの、今まで税調でも議論されてきたわけで、それを私も否定するものじゃない」（1998年、衆議院予算委員会での総理答弁）

政治家の答弁には感心させられる。その極めつきとも言えるのが、これであろう。話しことばを文章にしたからわからないのではないのだと思う。そして、多分、言いたいことが明確でないためにわかりにくい表現になったのでもないのだと思う。こうした表現の中から、隠された意図を読み取るのが政治の世界なのかもしれない。

事例0-7　おせっかい表現が多過ぎる

あなたの身のまわりを見まわしてほしい。あまりに当たり前のことが、あまりに過剰に表現されていることが多いのに気づくはずである。いわく、

「青信号になったら渡りましょう」

「降りるときは、忘れ物のないように」

「ただ今、10時になりました」

町の美観も静寂さもなんのその。わからせずにはおくものか、とばかりに至るところで何度も何度も押し付けられる。そして、肝心のことはボンヤリ、あいまいに表現する。こんなことはやめにしたいものである。


これくらいにしておこう。読者も、自分の日常の中で、こうしたわかりにくい表現の例を探してみてほしい。そして、なぜそれがわかりにくいのかを考えてみてほしい。ここにあげた7つの事例については、おいおい、その「なぜ」を考えていきたい。とりあえず、今一度、7つの事例を読み、読者の方々なりの「なぜ」、そして「自分なら、こうする」というところまで、思いをめぐらしていただきたい。

なぜ本書を書いたか

人とのコミュニケーションを効果的に行うには、何をおいても、自分の考えを上手に表現して、相手に苦労をかけずに正しくわかってもらうことが肝心である。そのためには、どんなことに留意したらよいか、どんな技術があるのかについて、本書では書いてみた。類書はたくさんある。『話し上手』『実践話しことば教室』『発表する技術』『講義の進め方・話し方』『プレゼンテーションの技術』『文章構成法』『短い文章のコツ』『文章読本』『原稿の書き方』『科学論文をどう書くか』『マニュアルの書き方』『自分の考えを正確に伝え相手を納得させる法』などなど。

これらと本書はどこが違うか。

筆者は、人の認知機能、すなわち見たり、覚えたり、考えたりする人間の頭の働きについて研究している。そこでは、「わかる」とはどういう頭の働きかが研究の一つの基本テーマとなっている。そこから得られた知見を最大限に活用してみると、これまでとは一味違った内容の本ができるのではないかとの思いから、本書を書いてみた。題して「認知表現学」。

「認知表現学」なる用語があるわけではない。筆者の造語である。しかし、気に入っている。「なぜわからないのか」「どうすればわかりやすくなるのか」「そのようにするとなぜわかりやすくなるのか」を認知心理学の知見をフルに活用して書き込んでみたい。「認知表現学」には、そんな筆者の思いが込められている。

類書では、「こうすればわかりやすくなります」ということは、ていねいに書かれている。しかし「なぜ」がない。そこが物足りない。それを、本書では克服する努力をしてみた。多少の無理は承知の上での試みである。気にさわる点はお許し願うしかない。

情報の生産、流通、消費で成り立っている情報化社会では、わかりやすい表現がますます大事になってくる。誰しも、これに無関係というわけにはいかなくなってきている。そんな社会で快適に生活していくためには、わかりやすい表現についての知識や技法を身につけることが必須であるとも言える。

また、世の中、国際化が急速に進んでいる。異質な知識、習慣、文化を身につけた人々と接触する機会がどんどん増えてきている。日本人だけでわかりあって、よしとしているわけにはいかなくなってきている。

「巧言令色《こうげんれいしょく》　鮮《すくな》し仁《じん》」（『論語』）
「剛毅木訥《ごうきぼくとつ》　仁《じん》に近《ちか》し」（同）

孔子の時代とはちがって今は、巧みに話す（巧言令色）よりも、意志が強く無口（剛毅木訥）の方が思いやり（仁）に富んでいるというわけにはいかなくなってきていることをはっきりと認識しなくてはならない。こうしたことまでも踏まえ、わかりやすい表現、および読ませる技術・聞かせる技術を、本書では考えてみたつもりである。いわば「表現文化論」も、随所に展開してみたい。

さらに、章末コラムには、それぞれの章に婉曲的にかかわる話題も取り上げ、「わかりやすさ問題」の広がりを紹介させていただいた。

誰に本書を読んでもらいたいか

本書を書く直接のきっかけになったのは、１９８７年に刊行した共著『ユーザ・読み手の心をつかむマニュアルの書き方』（共立出版）の好評である。我々の予想に反して、一年で５刷になった。これは、もはや絶版で古書でしか読めないが、マニュアルに限定して書いたガイドブック風のものなので、問題意識も内容も、一般の方々にはあまりピンとこないのではないかと思う。

そこで、自分の考えていることを「表現すること」一般にまで広げて、しかも表現の基本的なことを訴えてみたいと考えて、本書を書いてみた。ここでは、表現というものを深く考えて、自分なりの工夫をしていくための基本的枠組みを、じっくりと書き込んでみたつもりである。

本書は、誰にでも役立つようにと意識したが、なかでも特にこんな方々に読んでいただけたらとの思いで書いた。

「論文を書くときの表現で悩んでいる方々」
「研究結果などを発表するときに、うまく伝えられないと思っている方々」
「口下手、書くのが苦手で悩んでいる方々」
「環境設計やシステム設計にたずさわっている方々」
「広報や啓蒙活動にたずさわっている方々」

「本やマニュアル、カタログ作りをしている方々」
「外国人や子供など、自分とは異質な背景を持った人々と接触する機会の多い方々」
「話すこと、書くことをビジネスとしている方々」

本書で工夫したこと

本書は、プロローグ、エピローグを含めて全体が9の部分から構成されている。第1章から第4章までは、認知表現学の基礎と題して、表現すること、その際に頭の中で何が起こっているのかを書いてみた。第5章から第7章までは、認知表現学の実践編である。相手の頭の働きを考えた上で、どのように表現すると読ませたり聞かせたりできるかを、できるだけ具体的に書き込んでみた。

書き方も、本書で述べたことを実践するものになるように努力をしてみた。そのいくつかを紹介しておく。

全体にわたり『事例』を随所に入れてみた。話を具体的なものにするためである。また、我々は、具体的な世界から学ぶことがきわめて多いということも考慮したためである。それぞれの文脈にふさわしいものにしたつもりである。じっくりと味わっていただきたい。ところどころでは、『問』の形をとっているところもある。読者の思考を刺激するためである。

さらに、章末には、その章に関連する『コラム』も載せてみた。「わかりやすさ問題」の心理的問題や社会的背景の広さを知っていただければとの思いからである。

認知表現学の実践の章（第5章から第7章）では、目立つように『工夫』という形で、一行程度の表現上の具体的な工夫を書いてみた。本書を少しでも実用的なものにできればとの思いである。

イラストも入れてみた。イラストを入れるのは、本文のややかたい調子にそぐわないかもしれない。本書に親しみをもってほしい、イラストの索引機能を利用してほしい（あのイラストがあったところに確か書いてあった、といったようなこと）との思いから、入れてみたものである。

その他にも、目次を見開き2ページにおさめて全体が一目で見渡せるようにしたり、各章の冒頭に、章の概要、見出し目次をつけて、最初にその章の内容の見当がつくようにしたり、参照ページをやや多めに入れて検索性を高めたりもしてみた。

本書ができるまで

本書は、１９８８年12月に出版された『こうすればわかりやすい表現になる』（福村出版）のリメイク本である。

といっても、歴史的名著の復活という話ではさらさらなく、「わかりやすい表現」というテーマが、通時的に折に触れ形を変えて大事な問題として時折、浮上してくるという背景を踏まえての再登場である。特に、今の時代に沿うものを中心に残してリメイクした。一部、古臭い事例なども残されているかもしれないが、あえて、そのままにしてあるところもある。

講談社・須藤寿美子氏のおすすめにより、30年前の旧著が復活できた。ブルーバックスの一冊としての体裁を整えるためには、高橋知子氏のお世話になった。感謝したい。

第1章 わかる技術の基礎 ～人間の情報処理システム 20

第2章 表現の目的 ～自分を知る・心を解放する・伝える 40

第3章 表現する前に頭の中で起こっていること 62

第4章 さまざまな「わかり方」「わからせ方」 98

第1章 わかる技術の基礎 ～人間の情報処理システム

人間を、情報を処理する機械とみなす認知心理学の基本的な概念を紹介する。短期記憶貯蔵庫と長期記憶貯蔵庫を仮定した情報処理のマクロモデルを素描することになる。第2章以降では、このモデルを援用して、わかりやすい表現について考えていくことになる。

1節 人間は情報を処理するシステム 21

人間ってどんなもの／人間をコンピュータにたとえると

2節 情報処理システムとしての人間 23

短期間に情報を処理する／情報を変換する／情報を長期間蓄える／思い出せない

コラム 情報表示をデザインするために考慮すべきユーザーの認知特性

1節 人間は情報を処理するシステム

人間ってどんなもの

人間はきわめて複雑怪奇な生き物である。有史以来、人間はこの複雑怪奇さを持て余してきたようである。人間をいろいろなものに「たとえ」て理解しようとしてきたのも、そのあらわれとも見ることができる。

もっともよく使われたたとえは、その時代の最先端の機械である。哲学者・デカルトの自動人形によるたとえ、心理学者・フロイトの蒸気機関車によるたとえ、そして通信システムから、現代ではコンピュータによるたとえ、という具合である。いずれのたとえも人間のある種の特性を機械の特性によって際立たせたものである。

何かにたとえてみると、わけのわからなかったものが、たちどころにわかってくるおもしろさがある。たとえのこのメカニズムについては、第6章3節で取り上げる。

人間をコンピュータにたとえると

というわけで、ここでは、認知心理学で採用されているコンピュータによるたとえを使って、

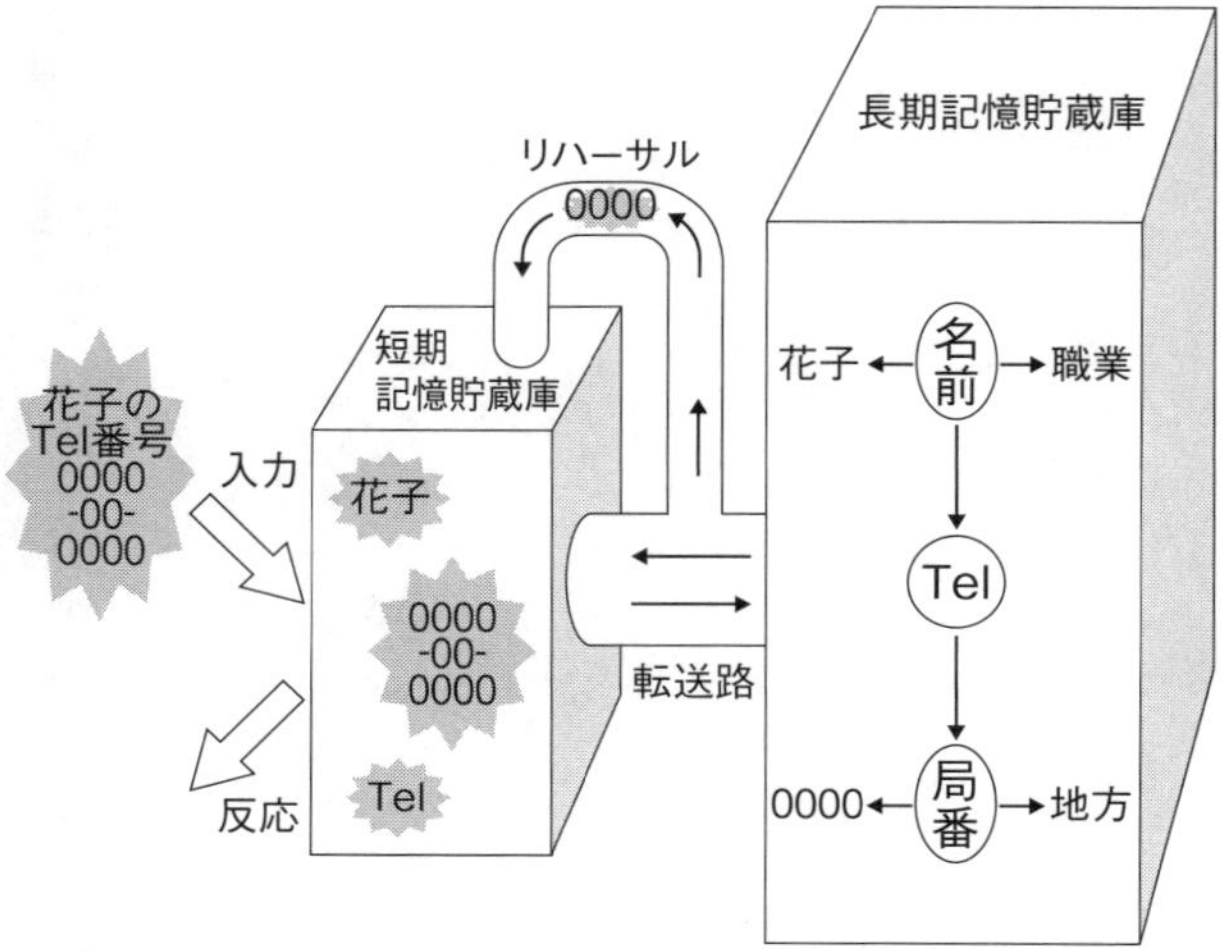

図1-1 人間の情報処理のマクロモデル
花子の電話番号を処理することを想定したとき。

人間の頭の働き（見たり、覚えたり、考えたり、判断したりなど）を考えてみる。このたとえでは、人間をコンピュータのような情報処理システムとみなすところから話がはじまる。そして、人間の頭の中で行われることを、情報の符号化、貯蔵、検索など、コンピュータによる情報処理の用語を駆使してモデル化し（たとえ）てみようというものである。もっとも、このコンピュータ用語そのものが、情報の流れを物の流れにたとえたものである。かくのごとく、「ことばは、すべてたとえである」（この表現自体もたとえである）とする極論もある。

さて、図1―1には、認知心理学でもっとも基本的なモデルとして採用されている二貯蔵庫モデルを示してみた（短期記憶貯蔵庫の前に、さらに2分の1秒くらいの間、外界からの入力情報を保有する感覚情報貯蔵庫を仮定するが、本書には関係しないので省略する）。このモデルでは、情報の処理を行う場所として、短期記憶と長期記憶との2つを仮定して、それぞれの場所での情報の処理のされ方や処理された情報のやりとりの特徴を明らかにすることを狙う。「短期」「長期」は、文字通り、短期間、長期間の意である。外から入ってくる情報を貯蔵しておく時間の長短によって処理システムを区分したものが、このモデルである。

表現するときに頭の中で何が起こっているのか、受け手はどのように頭を働かせているのか、ある表現がわかるとはどういうことか、ある表現がわかりやすくて、ある表現がわかりにくいのはなぜか、といったことを、このモデルの枠の中で考えてみるつもりである。これが「認知表現学」としたゆえんである。つまり、頭の働き（認知機能）の心理学を、表現することに適用してみると、どうなるかを考えてみようというわけである。

2節　情報処理システムとしての人間

短期間に情報を処理する

短期記憶では、文字通り、短期間の情報処理が行われる。電話番号簿から相手の番号を探して電話をするとき、ホワイトボードの字をノートに書き写すとき、隣の部屋からノートと鉛筆と消しゴムを持ってくるように頼まれたときなどに、短期記憶への一時的情報の保持がなされている。時間で言えば、せいぜい20秒くらいまでである。といっても、この20秒は何もしない場合であって、頭の中で、あるいは口に出して、その情報を復唱（リハーサル）すれば、いつまでも短期記憶内に情報をとどめておくことができる。

また、短期記憶には、こうした時間的な制約に加えて、その間に処理することのできる情報の量にも制限がある。たとえば、電話番号を考えてみる。現在、東京と大阪の固定電話の番号は、市外局番を除くと8ケタである。これくらいだと、一目見て、あるいは一度聞いたら、だいたいすぐに頭の中に入れることができる。つまり、短期記憶の中に入れておける情報の容量制限内におさまっている。

事例１－１　最後までこないと意味がわからない

英語を日本語に翻訳するとき、普通はあまり書かないのに、次のような表現をしてしまう。

私は、……と信じている。（I believe that……）

結果は、……を支持できなかった。（The result couldn't support that……）

こうした文では、意味を理解するための核になる主部と述部が「……」で分断され、極端に離れてしまっているために、文の最後までこないと意味が確定しない。「私の信ずるところによれば」「……については、結果からみると否定的である」とした方が、読み手に負担はかからない。文末で意味が確定するまで、意味の確定に必要な情報を短期記憶内にずっと保持したままにしておかなくてはならないので処理に負担がかかる。短い文がわかりやすいのも、短期記憶のこうした処理特性にかなっているからである。

事例１－２　法律文章に挑戦してみる

こんな文章は、我々には、わざわざ「わからせない」ために作られたものとしか思えない。法律文章、あるいは官庁文章のわかりにくさは、用語もさることながら、構文的にも問題がある。

道路交通法（交差点等への進入禁止）

第五十条　交通整理の行なわれている交差点に入ろうとする車両等は、その進行しようとする進路の前方の車両等の状況により、交差点（交差点内に道路標識等による停止線が設けられているときは、その停止線をこえた部分。以下この項において同じ。）に入った場合においては当該交差点内で停止することとなり、よって交差道路における車両等の通行の妨害となるおそれがあるときは、当該交差点に入ってはならない。
2　車両等は、その進行しようとする進路の前方の車両等の状況により、横断歩道、自転車横断帯、踏切又は道路標示によって区画された部分に入った場合においてはその部分で停止することとなるおそれがあるときは、これらの部分に入ってはならない。

短期記憶内にとどめておける情報量の上限は、7（マジカルナンバーセブン）個ということになっている（厳密には誤差成分プラス・マイナス2で9〜5個）。問題は、情報量の単位である。電話番号の場合、数字1個を1単位とするのがよさそうであるが、たとえば、次のような数字例なら、記憶できる数字の数はもっと増えるはずである。

a　259—452—9233

b　1011　1111　0110

つまり、情報の単位を目立たせるようにすれば、見かけ以上にたくさんの情報を記憶できる。

この単位をチャンク（chunk：かたまり）と呼ぶ。容量制限の目安7は、このチャンクの数についてあてはまるものである。たとえ、外から入ってくる情報の提示にチャンク化を助ける工夫がなされていなくとも、受け手の長期記憶の中にあらかじめ十分な知識が貯蔵されていれば、それを使って自在にチャンク化ができる。これが、人間の情報処理とコンピュータのそれとの違いである。たとえば、次の例で、そのことを体験できるはずである。

c　博之正雄敏郎重雄昭三国弘武雄

d　ＩＢＭＮＥＣＶＩＣＴＯＲＳＯＮＹ

文字１個を１チャンクとすれば、いずれもマジカルナンバーセブンを超えてしまうが、人の名前c、会社名dにチャンク化してしまえば、処理容量内に楽におさまるので覚えられる。ただし、日本人の名前や会社についての知識を持っていない人には、こうしたチャンク化はできないことに注意してほしい。

そこで、情報を提示するときに、チャンク化しやすいように工夫すると、情報の受け手は処理が楽になる。そのポイントは、「似たもの」「意味的にまとまったもの」「大事なもの」が見た目にひとまとまりになるようにすることである。次の例はいかがであろうか。

問1-1 意味のまとまりがわかるように、漢字に置き換えたり、「 」や句読点などを使って書き替えてみよう。 **解答**は章末

・第三回国立大学入学試験担当者連絡会議関東甲信越部会
・うらにわにはにわにわとりがいる
・かねをくれたのむ

事例1-3 チャンク化を助ける文章技法のいくつか

上手に文章を書くための技法にはいろいろある。それらの中から、読み手のチャンク化を助けると考えられる技法を拾ってみると、次のようになる。
その1 句読点を入れる。
その2 わかち書きをする。
その3 「 」( )を使う。
その4 漢字とかなを適当にまぜる。
その5 段落をつけて意味のまとまりを目立たせる。

その2を除いてこれらの文章技法にあえて逆らって書いてみたのが、次の問1―2である。チャンク化がいかにむずかしいか、そしてそのことがいかに文章を読みにくくしているかが実感できるはずである。

情報を変換する

問1-2　次の段落を【事例1―3】に述べた技法で直してみよ。段落も一ヵ所ある。解答は章末

情報を一時的にほぞんしておくことにくわえて短期記憶のもうひとつのだいじなはたらきはそとからの情報を人間が処理できる符号に変換することである。テレビという物をみて／テレビ／と発音できるためにはまずものを音声という符号に変換できなければならない。この符号化が短期記憶でなされるのである。符号化されないあるいはできない情報その量は膨大であるが人間の情報処理系では意味をもたない。符号には、音にかかわるもの以外に形、イメージにかかわるものがある。いずれも長期記憶のなかに符号化に必要な知識があらかじめ貯蔵されていないと符号化ができない。しかしその符号化のための知識も、さいしょは符号化されなければならないのだから、いったいそのためのさいしょの知識はどこからくるのかということになる。古くから哲学者をなやまして

きた知識発生論の基本的パラドックスである。プラトンのメノンという本のなかで述べられているので、メノンのパラドックス（逆説）といわれる。第4章でも、このパラドックスについてふれる。

この問を今一度読み直していただくと実感できると思うが、長期記憶内の知識は極めて大事である。メノンのパラドックスは、さておくとしても、符号化が効率よく行われるためには、長期記憶内の知識が豊富になることが必須である。短期記憶内で符号化してはそれを知識として長期記憶に蓄える、蓄えてはそれを符号化のために使うという具合に、短期記憶と長期記憶との間での情報の転送が活発になされなければならない。

短期記憶では、貯蔵、符号化に加えてもう一つ重要な働きがある。それは、課題の要求、つまり、どのように情報を処理するよう要求されているのかに応じて、処理のコントロールをすることである。短時間だけ覚えておけばいいのなら、リハーサルは不要だし、ある判断をするために足りない情報があれば、外から、あるいは貯蔵されている知識の中から取り出してこなければならない。このように、ある課題にふさわしい作業をするための場所が、短期記憶である。こんなところから、短期記憶は作業記憶と呼ばれることもある。

事例１-４　同じ情報でも何をするかによって処理は異なる

次の数字列について、それについて何をするか（課題が何であるか）によって頭の中で行われる情報の処理が異なることを実感してほしい。

１　２　３　５　８

ａ　この数字列を20秒後に思い出せ（記憶課題）
ｂ　この数字列の数字を加算するといくつか（計算課題）
ｃ　この数字列の次にくる数字は何か（推論課題）

情報を長期間蓄える

次に、短期記憶の説明でもすでに出てきた、長期記憶の働きについて考えてみる。

長期記憶の基本的な働きは、短期記憶で処理するために必要な情報を提供し、そしてそこで処理された情報を長期間にわたり蓄えておくことである。「長期間」とはどれくらいかがさっそく問題になるが、現在の記憶理論では、ほぼ永久とする考えが優勢である。思い出せないということがしばしば起こるのは、長期記憶から情報が消失してしまったからではなく、本棚から目的の本が引き出せないのと同じで、ただそのときにうまく引き出せないからだとする検索失敗説がとられる。

たとえば、すっかり忘れてしまったと思っていた情報も、何かの拍子にふと頭に浮かんでくることを、しばしば経験することがあるはずである。あるいは、20年、30年も昔の子供の頃のお祭りや学校での情景などをまざまざと思い出せることもある。

貯蔵期間が永久だとすると、長期記憶には情報がたまる一方で、すぐに容量が一杯になってしまうのではないかと心配になる。しかし、長期記憶での情報の貯蔵は、本棚や倉庫でのそれと違って、不変ではない。使わなければ次第に奥の方に追いやられたり、ある情報とある情報とが一緒に使われる機会が多いと、お互いに近いところに移動したり、圧縮されて一つにまとめあげられたり（体制化されたり）、というように、貯蔵の状態をたえまなく変えている。こうすることによって、容量の制限を克服し、短期記憶からのさまざまな要請に対して、即座に、しかも適切に答えられるように準備しているのである。かくして、長期記憶で保存できる情報の容量はほとんど無限と考えておいて差し支えないし、その方が記憶のいろいろな現象を説明しやすい。

長期記憶に蓄えられた膨大な情報を、これからは「知識」と呼ぶことにする。学問的な知識はもちろんのこと、自分だけにしか意味のない知識、こういうときにはこうすればよいというような体験的知識などなど、その種類は多彩である。我々は、この知識を増やしたり、更新したりしながら、短期記憶を介して外側の世界とかかわっているのである。

たとえば、文章を書くことを考えてみる。書きたいことが思い浮かぶと、それに関連する知識が総動員される。それを文章にするためには、文字、語彙、文法、音韻についての知識が使われる。また、誰にそれを伝えるかによって、使うことばや文体を変えなくてはならない。書き出した文章が正しいかどうかをチェックするためにも、また種々の言語的知識が必要になる、という具合である。いかに膨大な知識が、一つの行為のために使われているかが想像できるはずである。このあたりについては、第３章でもう一度、詳しく述べる。

思い出せない

二貯蔵庫モデルにまつわる話をもう少し続ける。

短期記憶では、入ってきた情報を符号化するだけではなく、与えられた課題を解決するために、長期記憶内の知識を使って情報の加工をする。その新たに加工された情報は、外の世界に出力されるだけでなく、再び、長期記憶に戻されて貯蔵される。これが、知識の更新と呼ばれているもので、将来、同じような課題場面に出合ったときに有効に働く。

ところが、この加工された情報を長期記憶に戻せなくなってしまう場合がある。たとえば、アルコール・ブラックアウトと言われている現象がそれである。飲んでいるときには、調子よく相手と話ができる。なんとか電車に乗って我が家にたどりつくこともできる。相手と話を合わせたり電車に乗るために、必要な知識を長期記憶から引き出し、短期記憶で情報の加工をすることはできる。ところが、加工した結果を長期記憶へ戻せないために、翌日、酔いがさめても、自分が昨晩何を言ったのか、何をしたのかがまったく思い出せないということになる。短期記憶から長期記憶への情報の転送路（図1—1参照）がアルコールのために機能低下を起こしてしまったと考えられる。買い物もできるし、人と普通に話をすることはできても、何を買ったか、何を話したかをたちまちのうちに忘れてしまう。新しいことがまったく覚えられなくなってしまう前向性健忘も、やはり、短期記憶から長期記憶への転送路がやられてしまったための障害である。

逆に、長期記憶から短期記憶への知識の転送ができなくなってしまうこともある。過去についての一切の記憶が失われてしまう逆行性健忘が、それである。あるいは、実によく知っているはずなのにどうしても思い出せない「喉まで出かかった現象」も、この転送路の一時的な機能低下と考えることができる。

表現をするときにも、この両方向の情報の転送がスムーズに行われないと、どうにもならない。前に書いたことが長期記憶に転送され、それに触発されてまた新しい知識が短期記憶に転送されて処理されることが、たえまなく繰り返されるのである。これがうまくいかないと、支離滅裂な文章や話になってしまう。また、どうしてもうまく表現できないイライラがつのることにな

る。

問1-3

次の問いに答えてほしい。もしかしたら喉まで出かかった現象を体験できるかもしれない。

解答は章末

a　小学校6年生のときの担任教師の名前
b　『暗夜行路』の作家
c　「男はつらいよ」の主演男優
d　今から3代前の総理大臣

問われたことに答えられなくても、非常によく知っているはずとの意識が持てて、それに関係したこと、たとえば文字数とか、答えの最初にくる音は何であるとか、イメージは思い浮かぶとかが体験できれば、それが喉まで出かかった現象である。そして、しばらくすると突然思い出したり、人に言われれば「あー、そうだ」となる。再認はできるが再生はできないことが多いことも、ついでに、この事例で実感してほしい。

この二貯蔵庫モデルで説明できる認知現象はほかにもあるが、このあたりでとりあえずおしまいにしておく。本筋の表現の問題に関連づけて、また紹介することになる。

解答

問1-1　日本語は、漢字、ひらがな、カタカナと字種が多く、読点が使えるので、自然とチャンクが見える。
・第三回「国立大学入学試験担当者連絡会議」関東甲信越部会
・裏庭には、2羽、鶏がいる。
・金をくれた、飲む。　・金をくれ、頼む。

問1-2　新しい段落は、5~6行目の「……意味を持たない。符号には……。」の「符号には」から、その他は省略。読点は、意味のまとまりごとにつけるのが基本。ほどよく漢字に置き換えると読みやすくなる。

問1-3　b志賀直哉　c渥美清

COLUMN

「情報表示をデザインするために考慮すべきユーザーの認知特性」

ユーザーの認知特性をとらえる基本的な枠組み

デザイナーはデザインする対象・内容を理解した上でデザインすることになるが、さらに、そのデザインを、どのようなユーザーがどのような状況で使うのかに思いをはせる必要がある。

ユーザーに配慮するとは、もう少し具体的に言うなら、ここでは、コンピュータにかかわる情報デザインに話を限定すると、ユーザーの認知特性に配慮するということになる。

コンピュータという情報処理マシーンの出現は、ユーザーと機械・道具とのかかわり（インターフェース）の質を変えた。従来は、ユーザーの身体的・生理的な特性と機械の物理的な特性との適合性が、インターフェース設計の主要な問題であったが、コンピュータの出現は、コンピュータの情報処理と、ユーザーの情報処理との適合性という新たな問題を発生させた。ここに、人とコンピュータの情報処理特性を研究している認知の科学への期待がある。

情報デザイン上の問題発見に際して配慮すべきユーザーの認知特性

デザイナーがデザイン上の問題を見つける上で配慮すべきユーザーの認知特性のもっとも基盤的なものは、認知的節約の原理である。ユーザーにいかに頭を使わせないで（認知的コストをかけさせないで）コンピュータと交流できるかを考えることである。以下、この基盤から派生する認知特性7つとそれを踏まえたデザイン上の問題点の発見のための指針をあげてみる。

a　ユーザーはパターン認識が得意
b　ユーザーはまとめるのが得意
c　ユーザーは注意資源の効率的な配分が得意
d　ユーザーは再生より再認が得意
e　ユーザーはヒューリスティクス（発見法）思考が得意
f　ユーザーはわかったつもりになるのが得意
g　ユーザーは感性にしたがった情報処理が得意

これらは、一例に過ぎない。その時々で、ターゲットユーザーにふさわしいこうした認知特性を掘り起こし、それに配慮したデザイン原理に従った作業をすることが、課題となる。

文章一般について、エピローグの【事例8―7】には、ここでの話をさらに具体化したものを紹介してある。

第2章 表現の目的 〜自分を知る・心を解放する・伝える

表現するとはどんなことかを考えてみる。文章や絵を書くことも、無論、表現であるし、人に話をすることも、また、表現の一つの形態である。さらに顔の表情、からだの動作によって何かを相手に伝えることも、まぎれもなく表現である。それぞれの特徴とともに、表現としての共通するところについても述べてみたい。

1節 なんのために表現するのか 41

自分を知る／心を解放する／伝える

2節 表現のさまざま 48

書くのも描くのも一緒／書く／描く／話す／からだで表現する

コラム 自己を表現する

1節 なんのために表現するのか

自分を知る

日記をつけている人、あるいは、つけようと心に決めたことのある人は、結構いるらしい。青山ハッピー研究所の調査（３８７５人、ネット調査）によると、日記を書いた、あるいは書いている人の割合は、64％にもなる。これには、日本の教育の中に組み込まれている小学校からの日記文化が貢献していると思う。

ＳＮＳ、電子メールなどが全盛の現代にあっても、日記をつける習慣があることは、心理学的に見てもきわめて好ましい。『仕事日記をつけよう』（ＷＡＶＥ出版）を上梓したこともある。

では、日記のような表現の形態は、何のためになされるのであろうか。

それは、自分の心の中に発生している世界を形のあるものにするためである。人は、モヤモヤしたもの、わからないものを自分の心の中に抱えこんでいることに耐えられないようにできているらしい。何とか、そんなものにも形を与えておきたいとの気持ちが強いようである。それが、日記という表現をとったのであろう。

青年期は、心のモヤモヤがもっとも高まる時期である。将来への不安、満たされない欲求に突

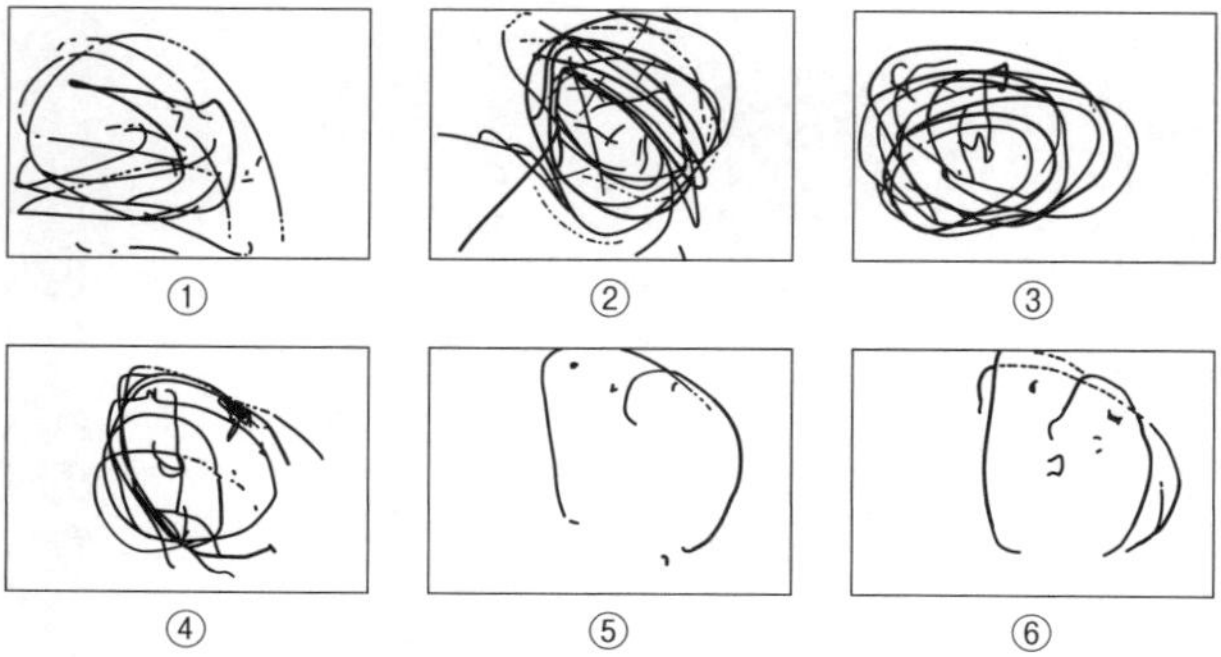

図2-1　幼児による線描６枚
「なぐり書き」から「絵」になっていく。

き動かされる時期である。こんな時期に日記に思いの丈を書きたくなるのは、当然である。最近の若者があまり日記を書かなくなったらしいが、この心のモヤモヤがなくなってきたことになるのだろうか。

むずかしいことを考えたり、何かを確認したりするときに、思わず口でブツブツやる経験は誰でも持っているはずである。あるいは、記号のような字を使って、ともかく思いついたことを書きなぐってみたりする。

佐々木正人氏は、自分を知るためのこうした表現の見事な例を紹介している（『からだ――認識の原点』東京大学出版会）。図２―１の①から⑥は、２歳２ヵ月児が、「一気に」描き上げたものである。１週間、１ヵ月かけて徐々に描いたものではないところが大事である。③まではなぐり描きであるが、④から変化が起こる。描いているうちに描きたいもの、ここでは顔が明確になってきたのであろう。それからは、一気に完成に向けて絵が仕上がっていく。描くことで、次第に心が明確になってきたのである。石黒広昭氏は、表現のこうした働きを「表現活動＝意味生成説」と呼んでいる。

いくらがんばって読んでもまったくわからない評論、自分だけが納得して喜んでいる学会発表なども、もしかしたら、そんな意図でひそかに行った表現が、何かの拍子に世の中に出てしまった、と考えれば腹が立たない。

いずれにしても、表現には、このように自分のためだけ、他人をまったく意識しない表現もあることは、知っておいた方がよい。これは、表現の一つの本質とも言えるからである。おおげさな言い方をすれば、自己確認、自己の存在証明としての表現である。本書で「わかりやすい」表現と言うときは、これとは直接には関係しないが、表現のこうした一面は別の意味で大事である。

心を解放する

他人への憎しみ、不平不満、言いたいこと、それが何であっても、心の中に何かが溜まっているのは気持ちが悪いものである。まさに「腹ふくるるは、なんとやら」である。この気持ち悪さをなくすには、溜まったものをきれいに吐き出すしかない。心のカタルシス（浄化法）が必要である。酒を飲んでしゃべりまくる、大声をあげて泣く、日記に書きなぐる、友人に聞いてもらうなどなど。

汐見稔幸氏によると、かつて児童詩の分野で「たいなあ方式の詩」というものが提唱されたことがあるとのことである。つまり、何々し「たいなあ」という願望を詩に託して表現させようというものだそうである。

このように、表現には、一種のストレス解消の機能もある。

この種の表現は、「わかりやすく」や「相手にわかってもらおう」というよりも、おおげさに、誰にも気がねなく、自由闊達に表現することが大事となる。

しかし、ストレス解消としての表現と、前述した自己の存在証明としての表現との2つは、表現全体の中で、もっとも基本的なものではないかと思う。自分の思いを目に見える形に表現したい。自分の思い、気持ちを表現したい。これは人間の本能的なものである。この本能が弱かったり、権力や仲間、上司への気くばり、保身など、何らかの力が働いて抑制がかかると、表現全体が死んだものになってしまう。表現の自由が最大限まで保証されなければならないゆえんである。

日本人の表現べたの底には、まず、このあたりに一つの問題があるような気がしてならない。そして、わかりやすい表現を考える際も、文章の書き方や話し方だけを切り離してしまわずに、表現を全体的に捉えてみることが必要なのではないか。本書では、そこまで踏み込んでの話は、筆者の力不足のためできない。

伝える

　世の中には、記録魔、メモ魔と呼ばれる人がいる。何でも、書きとめておかないと気がすまない人である。人間の記憶力に限界がある限り、後々のために形に残る記録は絶対に必要である。

これも、書くという行為の、何かを伝えるという機能だけを見ると表現のように思われるが、表現と言うからには、表現者の意図、意思、気持ちが介在してこなければならないので、表現の範《はん》疇《ちゅう》からは除いて考えておく。

「何かを何らかの方法で誰かに」伝えるために表現するときに大事になってくるのが、いかにわかりやすく表現するかであり、これこそが本書で考えていこうとする「読ませる技術・聞かせる技術」である。

　これにも、「何を、どのように、誰に」伝えるかを組み合わせると、いく通りものパターンが出てくる。たとえば、こんな具合である。

「腹の空いたことを、泣いて、母親に」伝える。

「愛していることを、しぐさで、香織さんに」伝える。

「自分の意思を、口頭で、出席している人々に」伝える。

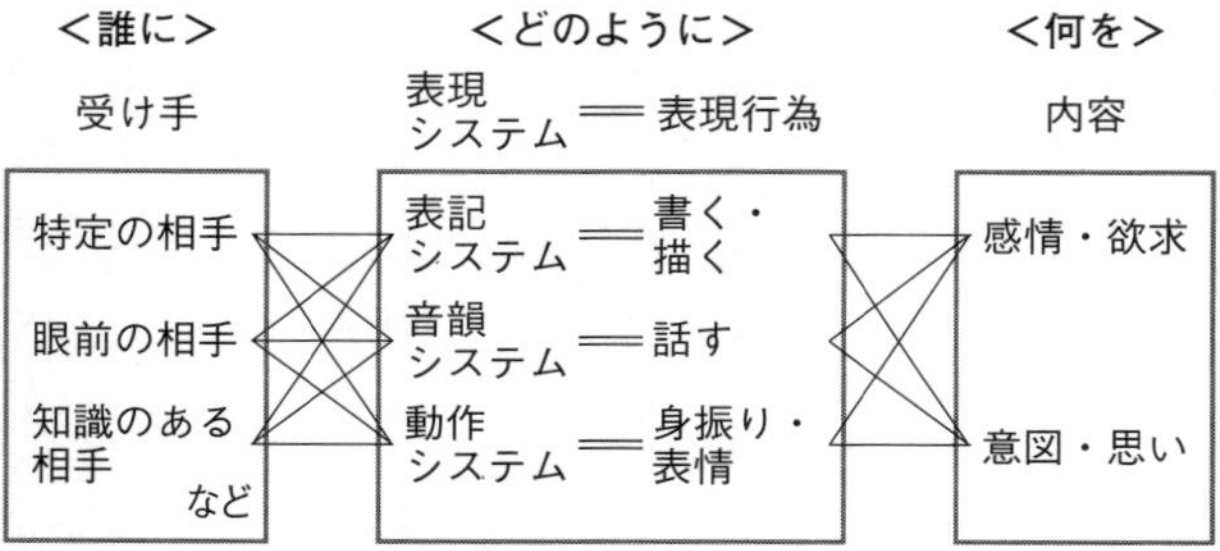

図2-2 **何かを伝えるときの項目分類**
「何を、どのように、誰に」伝えるか。その組み合わせはいく通りもある。

「機械の使い方を、取扱説明書を使って、利用者に」伝える。

「自分の研究を、動画にして、学生に」伝える。

「何を、どのように、誰に」は、図2―2に示すように、内容、表現システム、表現行為、そしてわからせたい相手である受け手にあたる。図には、それぞれを大きく分類したものを載せてみた。

ところで、「伝える」ことによって、一体、何をしようというのであろうか。
・指示／願望――受け手に何かをさせたり、してもらったりする。
・宣伝／教育――受け手に自分の考え、知識を広める。
・批判／確認――受け手に自分の考えを批判してもらったり、確認してもらう。
こんなところであろうか。人間が社会的動物である限り、こうした意図は、誰しもが持って当然である。にもかかわらず、受け手にわかってもらうことに意を注がないとすれば、それは、一体どういうことであろうか。

事例2-1　楽しそうに、しかし、まったく学生を無視して（？）講義をする先生

これも大学の講義の話。

T大教養学部の数学の先生。黒板とチョークだけの古典的授業。受講している学生の誰一人として、講義の内容を理解できない。レベルが高いのである。とうとうと、しかし、実に楽しそうに講義をはじめる。およそ、学生の理解、興味、関心などに頓着しない。ところが、不思議なことに、この先生の授業を受講した学生の中から、数学に魅せられ、数学を専攻し、後には優れた数学者になるものが輩出したとのことである（吉田章宏『授業の心理学をめざして』国土社より要約）。

ちなみに、ある調査によると、「よい」授業とはどんな授業かを大学生に尋ねると、「わかりやすい」ことをあげるのが80％、同じことを教官に尋ねると「わかりやすい」は、わずか16％しかあげられていない。このギャップをどう考えるか。学生を教える身としては、非常に気になる。

2節 表現のさまざま

書くのも描くのも一緒

茂呂雄二氏によると、5歳くらいの子供にお話を「書いて」と指示しても、絵を「描いてしまう」ことがあるとのことである。子供は表現システムが完全には分化していないために、こうしたことが起こったものと思われるが、表現活動を考える上で示唆に富んだ観察である。

茂呂氏はこれを「癒着した表現」と呼んでいるが、子供に限らず、表現システムは全体として相互に密接に関係していることは知ってほしい。たとえば、「口、共、十からできている漢字（異）は何ですか」と尋ねると、たいていの人は、指先を動かして漢字を書いてみようとする。佐々木正人氏は、これを空書行動と呼ぶ。ここでは、文字とイメージの癒着だけではなく、文字器具とからだによる表現との癒着さえ示唆される。

こうした癒着を解きほぐして、書く、描く、話す、動作表現に分解して、世の中での一人前の表現者として仕事ができるようにするのが教育システムの狙いとなる。

書く

一般に、書くよりも、話したり、からだで表現する機会の方がはるかに多いはずである。手紙よりも電子機器がコミュニケーションの主流になって、すでに久しい。したがって、同じ「書く」でも、電子機器で話しことばのように書くのではなく、手紙のように読ませるものを書かなければならない事態に直面すると、困惑してしまうことが多いようである。

さらに、書くことをしんどくさせているのが、どれほどすばらしい表現内容が心にわいてきても、それを表現システム（書く場合は表記システムになる）に載せなければならない窮屈さがあるからである。文字が書けなければならないし、表記ルールや文法規則に従わなければならないし、相手が目の前にいないだけに相手のことを考えながら書かなければならないなど、面倒なことが多い。だからこそ文章教室が必要となるし、「わかりやすい表現」というとき、すぐに頭に浮かぶのは、わかりやすい「書き方」ということになる。

こうしたしんどさをいとわないのは、書いたものは、可能性として、「いつまでも残る」「たくさんの人に読んでもらえる」からである。自分のために書いたはずの『アンネの日記』も、今や世界中で読まれている。

確かに、書くための表現システムの運用はむずかしい。それについての知識を豊潤にすることが必須であることは言うまでもない。しかし、それをどれほど豊富に身につけても、わからせる表現にはつながらないことも、また、忘れてはならない。読み手の心を知ること、読み手がどのように頭を働かせているのかを知り、それにふさわしい表現をすることも、大事である。本書は、まさにそのことを訴えたいために書かれたものである。

描く

頭の中では、文字符号とイメージ符号は、簡単に行き来できるが、外部に表現されるとかなり異なった様相を呈する。下手をすると、同じ構想（内容）を表現しても、書かれたものと描かれたものとで異なる解釈がなされることさえある。だから、図にはキャプションなるものが付けられることになる。

こうしたことが起こるのは、書くことと描くことの表示システム・ルールが異なることに由来する。これは、わかり方の齟齬《そご》を生むが、一方だけでは伝えきれない豊潤なわかりやすさをもたらすこともある。

いずれにしても、描くことは、書くことほどには、一般的ではない。誰にでも、得手不得手がある。

それでも、コミュニケーション次第では、次のように、補助的だが、しかしかなり大事な機能を担うことになることは知っておく必要がある。

・書いた内容のマクロなイメージを与える
・現実との対応を取りやすくする
・コミュニケーション全体に親しみやすさを作りこめる

問2-1　建物の階段を上った3階に、手書きの立派な案内図がある。ときどき、その前で首を左や右に傾けている人を見かける。なぜかおわかりいただけるだろうか。

解答は章末

話す

音声による表現システムは、ほとんど、生まれてからの無意図的な学習によって習得される。主語と述語をどう並べるか、活用をどうするかなどをいちいち考えながら話すことはない。それだけに、話すことは、書くことよりもはるかに楽で日常的である。人前で話すのはイヤ、電話は嫌い、という人はいても、一日中誰とも話さない状態が続くとすると、これは、ほぼ異常といえるであろう。

ラジオやテレビで話す、たくさんの人の前で講演や講義をするなどのケースを除けば、話すことにとりたてて問題を感じることも少ないようである。確かに、何かを口で伝えることを考えてみても、相手は自分の目の前にいるのであるから、相手の反応をうかがいながら話し方をコントロールできるし、場合によっては繰り返して話すこともできる。いわば、自然に「わかりやすい」「聞かせる」話し方を心がけているのである。

「グライスの会話の公準」というのがある。それによると、人と会話をするときには、普通、次の４つの公準が満たされている。

・適度の情報量――会話では、必要とされている情報より、多過ぎても少な過ぎてもよくない。
・真実性――ことわりのない限り、あるいは自明でない限り（自明なら、嘘は一つの修辞表現になる）、嘘は言わない。
・一貫性――会話の流れに関連したことを言う。
・明瞭性――簡潔に、はっきりと話す。

いずれも、当たり前の公準である。相手の話しぶりにイライラさせられるようなときには、これらのいずれかがおかされているはずである。

それでも、改まった会話、たとえば、新しい商品をお客に説明したり、自分の専門を門外漢に話すときなどには、本人はこれらの公準を守っているつもりでも、「なぜわかってもらえないのか」と悩まされることもある。日常あまり意識していないだけに、かえってその悩みは深刻かもしれない。口で「わからせることのできない」悩みは、表現システムに載せる以前の段階にその原因のあることが多い。ここが、書く場合のしんどさとの違いである。本書で、表現を全体的に考えていくというときに、もっぱら考慮されるのは、この段階のことである。次章あたりから、おいおいそれについて述べてみたい。ただ、次のようなケースもあることは、やはり知っておいた方がよい。

事例２－２　議論させるとすばらしいが、書かせるとダメ

山田太郎君は、研究会や演習によく出てくる好青年。議論になると、彼の独擅場となる。理路整然とはいかないところもあるが、実におもしろい発想を披瀝したり、議論になっても、頭の回転が速いので、たいてい相手の方が押され気味となる。

ところが、この彼にレポートの順番が回ってきて、発表用の要約を書いてくる段になると事情は一変する。おそろしく質が悪いのである。発表を聞くと、言いたいことは何となくわかるのだが、補足の説明を聞かないと、書かれたものだけからは、まずわからない。

表現システムの運用の得手不得手に加えて、その人にあった表現システム、つまり、このケースの山田君には音韻システムがふさわしいが、高橋君には表記システムがよいということがある。このあたりは、次の動作システムも含めて、表現と適性の問題になろう。適性に合った表現システムを選ぶことも、わかりやすい表現ができることにつながる。こういったことは、職業選択にもかかわってくる大事な問題である。

からだで表現する

生まれたばかりの赤ん坊は、泣くことによって不快さを表現する。犬は、空腹や恐怖を吠えることによって表現する。大人でも、悲しみを涙を流すことによって表現する。

顔の表情も、ほとんど、気持ちとストレートにつながっていることが知られている。図2―3は、感情心理学者・シュロスバーグがそれを巧みに分類したものに基づいて作成したものである。この分類は、人種や国が違っても、だいたい通用することも確かめられている。

このほかにも、手振り、身振りもこうした目的で使われることがある。意外に、からだでの表現は多彩である。

音韻システムが、ほとんど無意図的に学ばれるように、動作システムも、格別、誰から教えてもらって学んだということではない。ヒトという生物学的種に生まれつき備わった習得装置を使って、きわめて早い時期に学習したものと思われる。

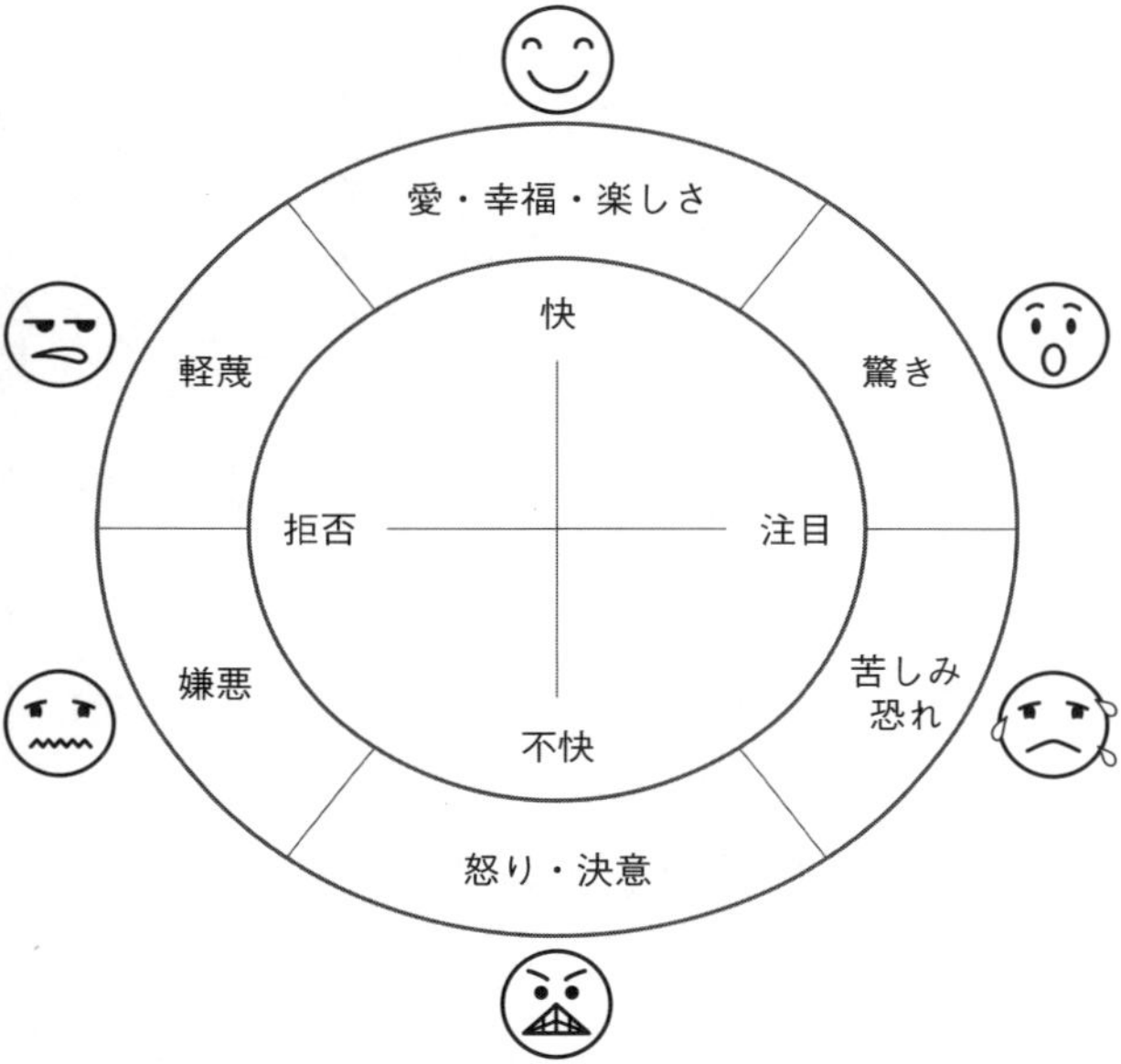

図2-3 **顔の表情の分類と、それに対応する情緒**

このシステムの特徴は、感情や欲求などの情意内容と密接につながっていることである。言語システムであれば、書かない、言わない、という抑制を働かせることは、それほど無理なくできる。しかし、情意と連結した動作システムでは、この抑制はあまり効かない。外国人の情意内容と連動した動作表現は、日本人から見るとやや激し過ぎるように思うこともあるが、おおむね、相手からわかる形で表出される。しかも、話すよりも、はるかに無意図的に、およそ表現者のコントロールとは無関係に、からだに出てくる。からだは嘘をつけない。かくして、ここでは、わかりやすい表現を考えるなど、ほとんど不要である。むしろ、自分の意図を相手からいかに隠すかの方が知りたいくらいである。

本書では、からだでわかりやすく表現することにまつわることを、直接取り上げることは、ほとんどない。ただ、次のことだけは、ここで言っておきたい。

表現の発生の根本には、喜怒哀楽のような感情、言いたい、伝えたいという欲求など、いわば情意の世界がなければならない。ここのところが枯れてしまっているときの表現は、それがどれほどわかりやすい表現であっても、相手の心を動かすことは、まずない。逆に言うと、ここが強烈であれば、多少の表現技巧のまずさは、相手の方で懸命に補ってもらえる。事例２―１を思い出してほしい。おそらく、学生は教授の心の中に学問へのすさまじいまでの情熱を感じ、共感したはずである。それがあったからこそ、教授の学問の世界を何とかわかろうとして努力をしたはずである。これがここで言っておきたいことの一つである。

もう一つは、からだでの表現が意図、しかも情意と密接であるだけに、それを他人から隠すことをもって徳となす文化では、しばしば、からだでの表現に抑制がかかりやすい。本来が直接からだに出やすいものであるだけに、この抑制は、もろに情意をも抑制し、その世界をゆがめ、屈折させてしまう危険性がある。喜びや悲しみ、何かをしたいという気持ちを素直に表現できる文化を作り上げていくことを訴えたいのであるが、本書ではそこまで立ち入っている余裕はない。

いずれ、別途、論じてみたいテーマの一つである。

事例2-3　日米首脳のこんな違いにも注目

この思いを最近、強く抱くのは、アメリカのトランプ大統領の演説やインタビュー時の顔の表情、ジェスチャーの豊かさ——それは説得力にもつながるのだが——である。つい、安倍総理のほとんど無表情の演説やインタビューと比較してしまう。表現の文化差だと言ってはいられないグローバル化の波がこんなところにも押し寄せているのを実感する。

解答

問2-1　案内表示を描くためのルールの一つに、同型性ルールがある。現実に（目の前に）ある対象の上下左右は、描くとき（表示するとき）も、そのように描く。案内表示などではきわめて大事なルールである。

COLUMN

「自己を表現する」

自己を豊潤にする

自己には、自分は一体何者なのかを知ろうとする主体的自己（I）、知られる自己である客体的自己（me）、さらに、周囲からそうであるとみなされている社会的自己（social ego）の3種類がある。

自己表現というときの自己は、主体的自己（I）のことである。この強さと質（内容）とが問題となる。

主体的自己の強さとは、俗に言う、「押しの強さ」という側面と、客体としての自己を冷静かつ客観的に見つめられる（フォーカシング：focusing）側面とがある。

両者は乖離していることがある。たとえば、タイプA性格の人。自信満々で仕事に熱中し、時間に追われるかのごとく仕事をしてしまうような人は、押しは強いが、自分の内面を見つめるようなことはしない。

しかし、真の主体的自己の強さとは、みずからの性格をきちんとつかみ、自分の能力の弱点さえも冷静に知る度胸もなくてはならない。

もう一つ、自己表現というからには、表現するに値する「自己の内容」がなければならない。ただ、大声で叫ぶ度胸だけしかないのでは、表現になりえない。

「自己の内容」を作り出すのは、教養と信念、換言するなら、知識と自分なりの考えだと思う。このあたりが、実は日本人は貧弱である。

その原因は、もっぱら教育問題に帰着してしまう。知識は受験用、自分なりの考えは抑制することが是という学習環境は非常にまずい。

自己を表現する

強くて内容豊かな自己を適切な形で外に表現することが自己表現である。

日本社会では、まだ自己表現を促す文化は一般的ではない。したがって、まずは、表現の入り口のところで高い障壁をクリアしなくてはならない。

表現しないことの方がプラスであるような文化は早くなくなってほしいが、文化の革命には、残念ながら膨大な時間がかかるのが常である。

実は、知的エリートとしてもっとも期待されている大学院生でも、演習で自己表現はもとより質問すらできない／しないような状況が蔓延している。やや不気味でさえある。

それはさておくとして、そのあとにくるのが、いわゆる表現手法である。文書、ことば、手振り身振りなどをいかに使って、効果的に相手に「自己」を伝えるかである。

具体的な手法はさておくが――大事でないということでは絶対にない‼　――、もっとも大事なことを一つだけ。

それは、場の分析である。表現は、表現の受け手が存在する場があって成立する。その場がどうなっているかをきちんと分析して表現を考えないと、いかに豊潤な自己であっても無駄になってしまう。

第3章

表現する前に頭の中で起こっていること

表現するときに、頭の中ではどのようなことが起こっているのであろうか。ここでは、第1章で紹介した人間の情報処理マクロモデルの枠内で、表現の認知過程を考えてみる。認知表現学の核心となる部分である。

1節 構想の具体化 63

短期記憶と長期記憶で起こること／表現したいものが頭の中に発生する／構想を具体化する／KJ法と連想マップ

2節 構想から表現への変換 70

表現システムへの変換／構想優先症候群／「説明の詳しさ×説明のわかりやすさ＝一定」の法則／文字、単語、文節、句、文、文章、パラグラフ、テキスト／意味のまとまりをつける／接続不全症候群／構想のまとまりを表現する

3節 表現の技術化 85

頭の中にある知識／表現をコントロールする／表現を技術化する

コラム 具体と抽象

1節 構想の具体化

それが何であれ、最終的に表現として外部にあらわれてくるまでには、内部で膨大かつ複雑な情報処理がなされている。それを完全に捉えきるには、まだまだ認知心理学の知見が不足しているが、第1章で述べた短期記憶―長期記憶のマクロモデルを再びここで持ちだせば、おおよそのところは図3―1に示すようなモデルで考えていくことができる。これは、「ヘイズとフラワーのモデル」をわかりやすく書き直したものである。

短期記憶と長期記憶で起こること

表現活動が発生しているときは、短期記憶内で、3つのことが行われている。構想を練っては表現システムへ変換し、その結果を評価して、もっといい表現を考えたり、あるいは構想を練り直したりする。この3つの過程は、あたかも同時に起こるかのように、限られた容量しかない短期記憶の中で発生している。

いずれの過程も、長期記憶の中に貯蔵されている膨大な知識を存分に活用して実行される。したがって、よりよい表現ができるかどうかは、この知識の量と質にも強く影響してくる。読者には、本書から、このあたりに関連する知識を仕入れてもらっていることになる。それぞれの過程

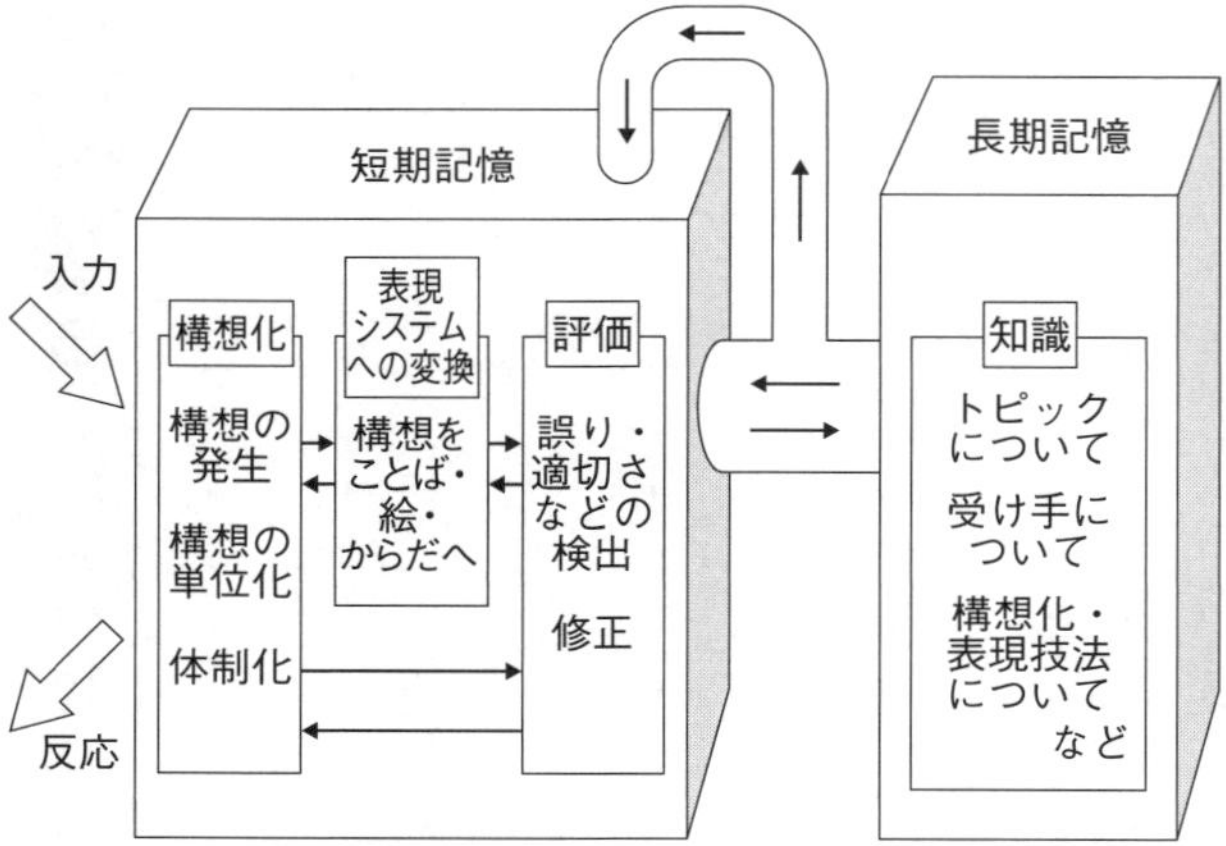

図3-1　表現過程の情報処理モデル

について、もう少し詳しく見ていくことにする。

表現したいものが頭の中に発生する

表現したいものが自分の中から発生すること、これが表現の出発点となる。問題意識と言ってもよい。ここでは、たとえば、教師が教科書の内容を学生に講義する、作家が依頼された原稿を書く、というような、そもそもの表現意図の発生因が外部から与えられている場合も含む。なぜかというと、そうしたときでも、内部で、「ここの部分を強調して表現したい」「これとこれとはまとめて話をしよう」などという意図を、通常は生じさせるからである。

表現意図が弱い、あるいは貧弱なら、単なるメモ、記録、オウム返しに終わってしまったり、意味のない表現行為が氾濫するだけとなる。

この段階では、しかし、まだ、表現としての形が整っている必要はない。主観的には、なんとなく、「モヤモヤ、イライラ」して落ち着かない感じくらいであろうか。この感じが受け手に雰囲気として伝わるほど強烈なとき、そして受け手が、表現する人と「文化」を共有するなら、受け手は理屈抜きで納得する。多少の表現技法のまずさは問題とならない。子供と母親、夫と妻の間などに、こうしたケースを見ることができる。事例２―１の数学の教授と学生の間にも、教授の学問への情熱――これが表現意図の強烈さ――もさることながら、ともに学問を学ぶという「文化」が共有されていたからこそ、表現技術の「まずさ」を超克できたのである。

今や、国際化ばやりである。まったく異なる文化、ことばを持った人々が身のまわりに増えてきている。また、人生一生のサイクルが長くなってきていることに加えて、生活の変化が激しいためであろうか、世代間での生活スタイル、生活態度のギャップが大きくなってきている。「文化」を共有できない環境が急速に作られつつある。しかし、これに比例するかのように、伝えたい情報も増大している。かくして、わかりやすく表現することによって、この伝達コストを下げることが、社会的にきわめて有用になってきているのが現状である。

構想を具体化する

意図は、構想として具体化できなくてはならない。これができないと、子供がダダをこねるのに似て、意図のみが先行して、泣いたり、わめいたり、攻撃したりとなる。あるいは、次のような事例になる。

事例３－１　すごいことを教えてくれていそうなのだが、どうもわからない

大学の教員になりたての頃、よく研究室にお茶に呼ばれて御馳走になったこともあってか、大好きであった教育学の老Y先生。話すのが大好きで、いつも聞かされ役であった。ところが、話の半分もわからない。内容が高度ということもある。世間話などいっさいないのだから。しかし、それだけではない。主語と述語がどこにあるのか、何が言いたいのかがわからないのである。しかし、後々から、話の断片をつなぎ合わせてみると、すごいことを言っていそうなのである。

さて、構想の具体化には、２つの局面がある。

一つは、構想の単位化。「これ」ということもあるし、「これとこれとこれ」ということもある。ともかく、表現したいものを一つずつ意味的な単位にして、意識にのぼらせることである。

事例３―１の老先生は、これは、だいたいできている（失礼）。幼い子供では、ここをどうしていいかがわからない。

もう一つは、構想の体制化。つまり、ばらばらに出てきた表現したいものを、少数個のかたまりにまとめ（チャンク化し）、かたまりの間の関連をつけることである。まとめることによって、表現したいものの基本的なチャンクをはっきりさせる。さらに、チャンク間に関係をつけることによって、表現したいことの体制化をはかる。体制化とは、「あることとあることは、内容が似ている」（類似性）、「あることの基礎の上に、あることが存在している」（階層性）、「あることとはあることから必然的に導かれる」（論理性）、「あることは、あることの原因である」（因果性）、「あることはあることと一緒に起きやすい」（相関性）、「あることは、あることの前に起こる」（時系列性）などの観点から、まとめることである。

構想の単位化と体制化は、相互に行ったり来たりする。意図の断片を取り出してきては、すでに体制化されたところにくっつけてみたり、体制化することによって、思いもよらない構想が発生してきたりする。

こうした構想の具体化は、頭の中だけですることも、紙や声を使って処理系の外に出す（外在化する）こともある。いずれも大事であるが、短期記憶の内部だけでこれをやるには、容量に限界があるので、構想が大きくなるほど、あるいは複雑になるほど、外在化が必要となる。その有力な技法を２つ紹介しておく。

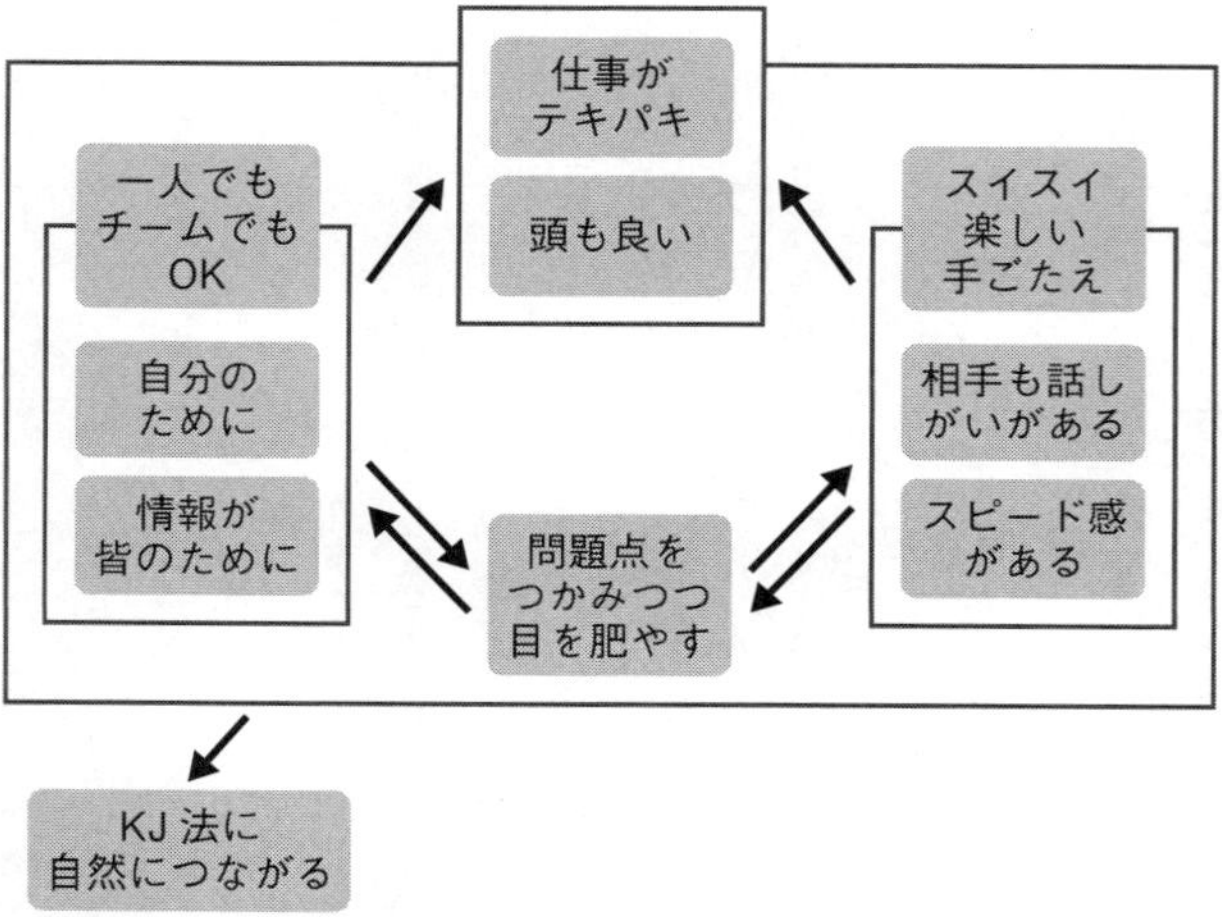

図3-2 **KJ法の簡便型である探検ネット**
頭に浮かぶ構想のきれぎれを書き出していく。

KJ法と連想マップ

その一つは、川喜田二郎氏によって考案されたKJ法である（『発想法』中公新書など）。頭に浮かぶ表現内容のきれぎれを、小さなシールに、1項目1シールで、どんどん書いていく。これが、構想の単位化である。

次いで、シールをばらばらにして、じっくりと眺めながら、類似性、階層性、論理性、因果性、相関性、時系列性のいずれでも、ともかく関係のある項目どうしをまとめあげる。まとまったものにはタイトルをつけ、まとまりとまとまりとの間を、さらに線でつないだり、矢印をつける。この作業によって、表現したいものが構想として具体化される。

もう一つは、連想マップである。KJ法に

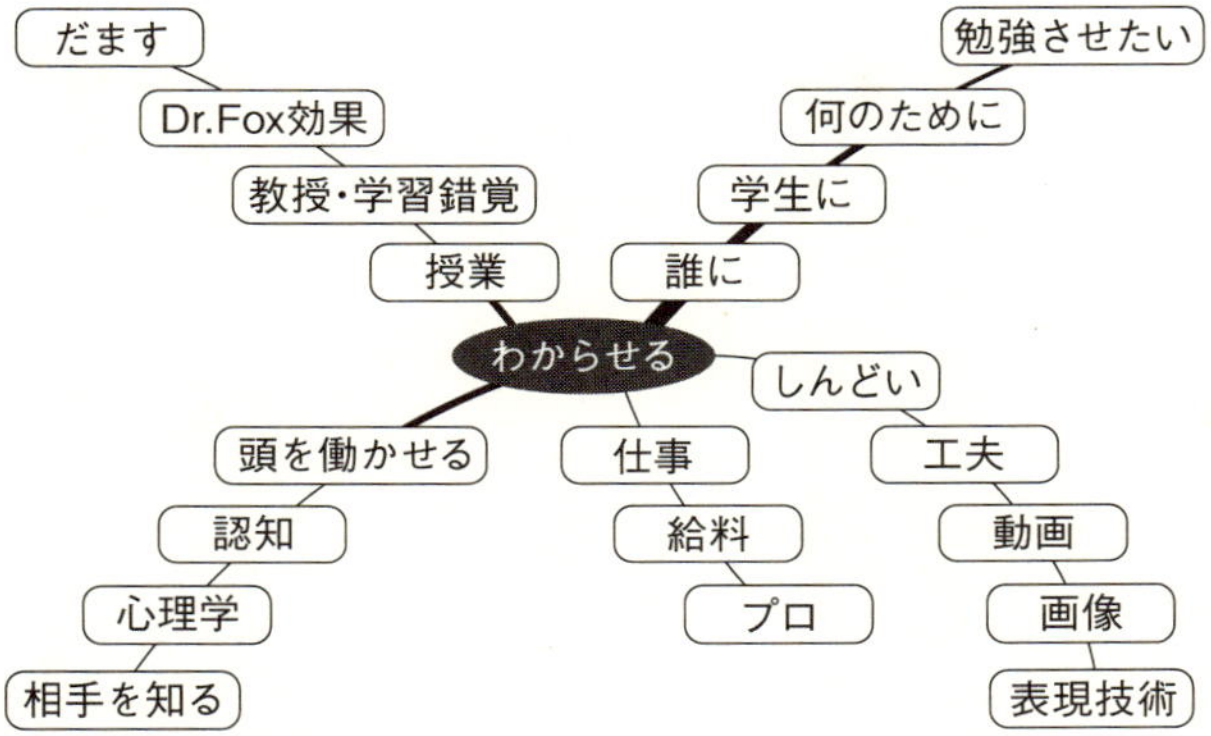

図3-3 連想マップ
「わからせる」から連想するものを次々に出していく。線の太さは活性度を示す。

似ているが、それほどきちんとした技法ではない。ただ、簡便なので、ＫＪ法の前の段階で、構想の単位化を活発にするために、これを試みるのもおもしろい。あることから連想されるものを次々に出していって、出なくなったらまた元にもどり、また連想を繰り返すのである。連想だからどんなに突飛に見えるものでもかまわない。そこに、発想のユニークさの種がまかれる可能性もある。

2節 構想から表現への変換

表現システムへの変換

ＫＪ法にしても、連想マップにしても、ことばを使って構想を具体化している。しかし、その場合は、あくまで構想を形あるものにすることが主な目的であり、相手にわかってもらうことは、さしあたり考えなくともよい。相手にわかってもらうことを考えるのは次の段階、表現システムへの変換のところにおいてである。

ここで表現システムへの変換と言うときには、伝える相手にわかってもらうための、一定の約束事に従ったシステムに変換することである（図２―２）。ことばはもとより、絵、表情、手振り、身振りも、そうしたシステムの例である。それぞれの表現システムの特徴などについては、すでに第２章で述べた。

構想が具体化したら、ともかくそれが相手にもっとも効果的に伝わるように、いずれかの表現システムに乗せなければならない。どんなにすばらしい意図や構想があっても、ここのところがうまくいかないと、結果として、わからない表現が発生することになる。「わかっているのにうまく言えない」「書きたいことの半分も書けない」などなど、日常的に体験する表現にまつわる悩みの多くは、ここの認知過程に関係しているはずである。

この変換は、自由奔放な構想の世界から、一定の約束事を持った世界への変換である。この変換にまつわる話題、さらに表現の約束事にかかわる問題を次に少し考えてみる。

構想優先症候群

文章を書いたり、人に話をしたりした後、なぜ、あのことがあのときに表現できなかったのか、という悔やみの念を持つことがしばしばある。これは、表現したいと意図したことのすべてを、表現システムの世界にうまく変換することに、いつも成功するわけではないからである。知っていること、表現したいことと実際に思い出せること、表現できることとの間には、渡らなければならない橋に検問所があるかのようである。

その橋が粗末だったり、理屈に合わない検閲にさらされたりする（たとえば、ストレスがかかったり、不安が高まったりする）と、あるいは、あまりにたくさんの事を知っていて、短期記憶の中が表現したいことで一杯になってしまったりすると、実際に表現されたものに、ある特徴的傾向があらわれる。これを構想優先症候群と呼んでみたい。これが発生すると、表現する側では、書きたいことが十分に書けない、言いたいことが十分に言えないいらだちを感じることになるし、読み手の側では、「すごいことを考えているらしいが」「すばらしいものを持っているらしいが」、どうもわからないということになる。

構想優先症候群は、文章表現を例にとれば、次のような形をとる。

その１――たくさんのことを一つの文章に盛り込んで、「～ので、～」「～だから、～」「～し、～」「～が、～」などでつないでしまう。構想（言いたいこと）をともかく文章の世界に早く変換してしまいたいとの、焦りに似た気持ちがこれをさせているように思う。これに加えて、文を切ると文間の接続を考えなければならない面倒を避けたいとの心理も働くようである。

例「従来、当社ではご契約者様あての通知に際し、ご住所、お名前などをカナで表示してまいりましたが、現在漢字表示に移行する準備を進めており、準備ができたご契約から順次、漢字表示を開始いたしましたので、表示内容をご確認くださいますようお願い申し上げます。」

その２――修飾語が先にきてしまって、係り受けがあいまいになってしまう。大事なこと、言いたいことは先に長期記憶から短期記憶へ移されて、先に処理されて出力される（先入れ先出しの原則。これによって短期記憶の負荷を下げることができる）ために、こうした表現が起きるものと思われる。次の例では、いずれも傍点部分を強調したい気持ちが優先されたものと考えられる。

a　貴重な文章技法についての提言
b　緻密な測定誤差のない計測
c　恐怖のあまり態を見て叫んだ

構想優先症候群が発生すると困るのは、受け手の側からすると、文中の近いものはまとめて処理しようとするので、こうした文章は、わかりにくくなったり、誤解したりしてしまう。ここに表現する側とそれを受け取る側との情報処理ギャップを見ることができる。このギャップの調整がむずかしい。

文章表現なら、自分で書いたものを読み手の立場から冷静に読み直してみることで、こうした構想優先症候群を訂正できる機会があるが、話すときにはそうはいかない。構想の洗練、つまり構想の単位化と体制化とをあらかじめ行ってから話す必要がある。

構想の世界が表現の世界に自動的に変換される技術ができれば、ありがたい。とりあえずは、ＫＪ法や連想マップなどによる構想の洗練技術を大いに活用するしかない

「説明の詳しさ×説明のわかりやすさ＝一定」の法則

受け手がどのような情報を欲しているか、という観点から構想を絞りこむことも必要であろ

う。そのための技術も、マニュアルの作成では工夫されている。

事例３－２　誰に何を提供するか

提供する内容を細かく分け（モジュール化し）、対象読者を層別化し、誰に何を提供するかを示すのが、マニュアルなどの文書作成の基本である。対象とする読者層を絞り、それに合わせてトピックを選択することに加えて、説明の詳しさも調整する必要がある。あまり詳し過ぎるとかえってわかりにくくなる。イラストやたとえを使った粗い説明の方がよくわかることがある。受け手の長期記憶内にそのトピックスに関連した知識がどれくらいあるか、あるいは、どのような状況での説明かによって、説明の詳しさを調整できれば、すぐれた表現者ということになる。「グライスの会話の公準」（53ページ参照）の「適度の情報量」も、こういうことを言いたいのであろう。

問３－１　次のような３つの場面で、「○」をもっとも簡略に表現するとどうなるか（心理学者・オルソンを参考）。　解答は章末

a　○　●

b □○
c □●○

文字、単語、文節、句、文、文章、パラグラフ、テキスト

文字からはじまってテキストまで、書くときの表現単位の小さいものから大きいものまでを並べてみたのが、この見出しである。文章表現の場合は、これらの単位を、構想の意味的な単位と適切に連動させて縦横に操れないと、わかりやすい文章表現ができないことになる。

ここで、文章表現の単位と構想の単位とをめぐって少し話をしておく。

まず文字から。日本語の場合は、文字の段階から面倒なことが起こる。音節文字（一字一音）であるかなと、表意文字である漢字との二重構造になっているからである。しかも、この二重構造は、使い方にそれほどはっきりとした境界がない。いずれの文字で書いても間違いということがない。読み手によってもかなで書くか漢字で書くかを変えたりすることも、ときには必要となる。とは言っても、意味の核になるもの、名詞、動詞や形容詞の語幹などに、漢字を使うくらいの慣習的ルールはあることはあるが、それが唯一の正書法（正しい日本語の表記であるという規則）ではない。

一つ以上の文字によってあらわされた文字列が単語である。意味の最小単位に対応している。具体名詞のように、外側の世界にある事物と直接的に対応するものもあるし、抽象名詞のように、知識単位をまとめあげるために創作された概念もある。わかりやすい表現を考えるときに問題となるのは、この概念をあらわす単語である。事物との対応がはっきりしているものは、その事物を見せればわかってもらえる。概念単語は、しばしば定義しないと（時には定義をしても）意図通りにわかってもらえない。

単語については、さらに漢字表記とかな表記の問題も、わかりやすさとかかわってくる。日本語は、ご承知の通り、同音単語が多い。「コウショウ」「キコウ」「コウシ」に、どれくらいの単語があるか書きだしてみると、そのすごさがわかる。このように、漢字で書くことによって、はじめて意味が確定するということが起こる。

問3-2　次の文中にあるカタカナを、すべて漢字に直せ。　解答は章末

すばらしいキコウ記事を書くことで知られているキシャのキシャは、港にキコウして、雑誌にキコウする行政キコウについての原稿を書きあげたあとで、キシャせずに、キシャでキコウのよい土地に住むキコウを訪ねるために出かけた。

また、漢字には、意味の透明性（鈴木孝夫『ことばの人間学』新潮文庫）があることも、一言ふれておきたい。

「足病学　歯茎音　頭足類　湖沼学　回文」

いずれも、あまりなじみのない単語であるが、漢字一字一字の意味から、それぞれが何に関係しているか、ボンヤリとは想像がつく。これが、漢字の持っている意味の透明性である。見ただけでわかると言ってもよい。こんなところから、漢字を表「語」文字と称すべきとする人もいる。カタカナ語をやたら使う風潮の中で、漢字のこの利点が忘れられるようなことがあってはならない。

次が文節である。パソコンやスマートフォンの普及により、ワープロソフトを使った文書作成の機会が増えて、にわかに文節が、文章表現の単位として脚光を浴びてきた。最近のワープロソフトは、文節単位で入力してそれを漢字に変換していく方式（文節変換）が多いからである。文節とは、「～ネ」を入れて区切れる最小単位と考えるとわかりやすい。傍点部分を例にとるなら、こうである。

「文節とはネ、「～ネ」をネ、入れてネ、……」

ネからネまでが、一文節である。「体言＋助詞」、用言（動詞、形容詞、形容動詞）、接続詞、副詞などが一文節を構成する。いずれも、文節の次に大きな単位である句につなぐための役割を果たす。

意味のまとまりをつける

句は、構想した内容の最小の意味的単位（これは命題と呼ばれる）にほぼ対応するといってよい。さきほどの傍点部分の文なら、5つの命題に分解できる。

a　「文節とは、……最小単位である」
b　「どんな最小単位‥　ネを入れて区切れる」
c　「……とわかりやすい」
d　「どうするとわかりやすい‥　……と考える」
e　「どう考えると‥　文節とは、ネを入れて区切れる最小単位と」

……の部分には、その次の傍点の部分が入るようになっている。隣り合う文節を単にいくつかまとめたものではなく、a〜eそれぞれが意味的にほぼ完全な一つの単位になっていることに注意してほしい。これが命題である。構想は、とりあえずこの命題の形に単位化されると考えておくと、わかりやすい。

なお、命題は、自然言語をコンピュータに「わからせよう」とする試みの中できわめて重要な概念となっている。一つの文をいくつの命題に分解するか、それをどのように表現する（関係づける）かについてのさまざまな工夫がなされている。第5章の図5―1は、その一つの例で、意味ネットワーク表現と呼ばれている。

文は、句点（。）から句点までである。いくつかの句、命題を含んだものが文である。一つの文にたくさんの命題が含まれれば、情報量は多くなるが、文の句構造が複雑になり、わかりにくくなる。1命題1文章にすると、意味の単位と文の単位との関係が緊密になるので、短期記憶でチャンクが作りやすくなり、結果として、わかりやすくなる。しかし、今度は、文と文とのつながりがぎこちなくなり、文章としての味わいもなくなる。次に示す事例3―3で、わかりやすさと文章の味わいとは、別の問題らしいことも感じ取ってほしいところである。

また、内容がやさしいときには、一文にたくさんの命題が含まれていても、処理の負荷はそれほどでもないが、内容がむずかしくなるにつれて（読み手に関連する知識がないとき）、一文にたくさんの命題が含まれると、わかりにくくなってしまう。わかりやすい文章表現を考えるときには、一文にどれくらいの命題を含めるかを、内容のむずかしさとの関係で決めていかなければならない。

事例3-3　同じ意味内容でも、書き方はいろいろ

前の傍点部分の文も、次のように1命題1文に直すことができる。これによって、しかし、全体がぶつ切りの文体になり、いわゆる味のある文章にはほど遠くなる。「文節を次のように考えるとわかりやすい（ここだけは2命題）。つまり、文節とは意味の最小単位である。その単位とは、文を～ネで区切ったものである」

接続不全症候群

文がいくつかまとまったものが文章である。そこでは、文と文との間に意味的な一貫性が求められることになる。そのために、接続詞を使ったり、指示名詞を使ったり、前文を参照したり、同じ名詞を反復したりすることになる。

問3-3　次の一節を、じっくりと味わってほしい。文間の接続の種類も指摘せよ。

解答は章末

「野原は小さな雨を買う。雨ははねる。それを震えるベルトにある騒がしい空を焼く。その下には黄色い風が舞う。震えるベルトの上で誰かが凍りつく。それで、ベルトは死ぬ。それがふざけた野原を凍らせる。」（ジョンソン＝レアード『メンタルモデル』産業図書より）

文と文とのつなぎをどうするかは、書くときの苦労の一つである。「しかし（逆接）」「だから（順接）」「また（並列）」「あるいは（選択）」「つまり（要約）」「たとえば（例示）」「ところで（転換）」などなどの接続詞をどうするかに悩まされることになる。やたら接続詞を使ってみたり、それに気づかいすることのわずらわしさを避けてか、「〜が、〜」を使った長文を書いたりすることになる。しかし、あまり接続詞が多くなり過ぎると、全体がぎこちなくなって読みにくくなる。しかし一文を長くするのもよくない。かくして、ジレンマに陥ることになる。このジレンマから派生する表現上の問題を、接続不全症候群と呼んでおく。

読み手の側に関連する知識がないときは、接続詞を使って文と文との間の関係をはっきりと示した方がわかりやすくなることが知られている。過度につなぎの用語を省略しない方がよい。また、段落や小見出し（２０４ページ参照）を有効に活用することも考えてよい。

事例3-4　たとえば、次のような文章で一貫性が高いのはどれかを考えてみてほしい

a　太郎はスーパーに行った。そこで、CDプレーヤーを買った。
b　太郎はスーパーに行った。ノートを買った。
c　太郎はスーパーに行った。そこで、パンと牛乳を買った。
d　太郎はスーパーに行った。そのスーパーで、自動車を買った。
e　太郎はスーパーに行った。そして、家を買った。

もっとも自然なのは、cであろう。スーパーでは何が売られているかをよく知っている人なら、bでも十分である。dは、指示代名詞と前文の名詞の反復とによって、一貫性をもっとも強く表現しているが、前文との意味内容が一致しない。しかし、ここまで一貫性を強調すると、本当に自動車をスーパーで買ったと思わせる。

構想のまとまりを表現する

体制化とは、要素を何らかの関係、ルールに従ってまとめることである。認知心理学で非常によく使われる用語である。

構想が一つ一つ単位化されると（命題化されると）、次にこれらを何らかの形で体制化することになる。そのための外からの支援技法として、KJ法や連想マップがあることは先ほど述べた。まとまりをつけた（体制化された）構想の世界をいかに文章表現の世界に落とすかが、ここでの話である。パラグラフとテキストが関連してくる。

パラグラフとは、日本語では段落である。ただし、段落は、単に、一文字分だけ空白を入れたところから次の一文字分の空白までの一連の文章群を意味すると考えてしまいがちなので、ここでは、パラグラフという用語を使う。

外山滋比古氏は、日本人にはパラグラフ感覚がないので、大きな思想が生み出せないとの興味深い論を展開している（『日本語の論理』中公文庫）。つまり、パラグラフになって、ようやく文と文との論理的な関係が問われることになる。そのためには、構想自体が論理的でなければならない。日本人は、この論理的な思考の単位が随想的で不規則であると氏は言う。ここをきちんとしないと、パラグラフを積み重ねて大きな思想へと展開していけないのである。

それはさておくとしても、パラグラフとは、単に物理的に文章をまとめたものではなく、体制化された構想に対応するものでなくてはならない。構想の中核になるものがあり、それを支える論拠や事実がきちんと一つのパラグラフの中に表現されていなくてはならない。

なお、一つのパラグラフの中で構想の中核に対応する文を題目文（トピック・センテンス）と言う。そして、パラグラフ構成をするときには、この題目文を先頭に置くことがよいとされている。その認知心理学的な意味づけは、第6章で行うので、ここではふれない。

ちなみに、見出しからここまでの6パラグラフについて、題目文を指摘してみてほしい。すべてのパラグラフにわたって、常に題目文が先頭に来ているわけではない。第2パラグラフでは「まとまり……話である」が、また、第6パラグラフでは「パラグラフ構成……よいとされている」がそれぞれ題目文である。前者は、その前のパラグラフにある主要語句を引き取る形で、前との接続を優先させたため、後者は題目文で使う用語を先に解説するために、「題目文は先頭に」の原則をおかしているのである。これ以外は、すべて、題目文が先頭にきているのがわかるはずである。

構想したものが表現の世界で完結した形をとったのが、テキストである。ここでは、テキストとは教科書の意ではなく、「起（話題を起こし）、承（それを受けて話題を発展させ）、転（話題を転じて）、結（まとめる）」のある一定の長さの文章の集まりのことである。

テキストは、パラグラフを論理的関係、時間的関係、因果関係などによってつなげていくことによって作り上げられる。そこにもある種の文法——物語文法と呼ばれる——のあることが知られている。

3節 表現の技術化

頭の中にある知識

意図の発生、構想の具体化、表現システムへの変換のすべての局面で、長期記憶の中に保存されている知識が深くかかわってくる。というより、知識なくして表現なしとも言える。生まれたばかりの赤ん坊でも、泣くことによって自分の欲求を表現はできる。生まれたばかりなのに、どうしてそんなことを知っているのか不思議に思うが、人として生きていくために必須なことは、表現の領域に限らず驚くほど早い時期に知るらしい。

さて、その知識の内容である。図３―１に紹介したヘイズらの表現過程の情報処理モデルでは、「トピックについて」「受け手について」「構想化・表現技法について」の３つに大別されていた。

トピックについての知識とは、何かを書きたい、言いたいというときに必要な、その「何か」にかかわる知識である。そのすべてが、長期記憶の中に存在している場合もあるであろうし、足りないところを外部から補強することもあろう。いずれにしても、しかも、どんなときでも、この知識が、表現の質を本質的に規定していることは言うまでもない。

受け手についての知識とは、表現したものを受けとる人についての知識である。10歳の子供ならこれくらいの知識はあるはずとか、初心者ユーザーにはこうした用語はわかってもらえないかもしれないとか、いったことである。わかりやすい表現を考える際には、受け手についてのこうした知識は不可欠である。とりわけ、受け手の長期記憶の中に貯蔵されている知識の量と質について思いをはせることが大事である。このあたりがこれからの本書の主題となる。

さらに、構想化のための知識と、表現技法のための知識も本書で取り上げている知識である。これらについて良質の知識を持ってもらうことが、よき表現者になることにつながる。

長期記憶に貯蔵されているこうした知識が、検索され、短期記憶に転送され、処理されることになる。問題は、表現のTPO（時間：time、人：person、場合：occasion）に応じた知識が、必ずしも常に検索できるとは限らないところにある。

一般に、赤ん坊の例のように、知識には、それを持っている本人さえ意識できない暗黙の知識、したがって、それがどのようにして学ばれたのかわからない知識と、長い期間を通じての意図的な学習によって獲得された知識とがある。

表現にかかわる知識で言えば、欲求や感情の表現は、ほとんど暗黙の知識に負っているが、表現内容の文字による表現は、意図的に獲得された知識によるところが大である。

しかし、この区別は、あまり意味をなさないのかもしれない。なぜかというと、学ぶときは意

図的であっても、あまり使わなかったりすれば、たちまち学んだ知識の大部分は意識の底の方に沈殿してしまうし、また、深く学べば学ぶほど、暗黙の知識となってしまうからである。
そして、不思議なことに、意識に乗せることができなくなってしまったこの暗黙の知識、別の言い方をすれば、使おうと思っても思い出せない（検索できない）ために使えない知識が、実は、人を動かしているらしいのである。
たとえば、筆者は、今、ここでＩＴソフトを使って表現についての本を書いている。
一つの文章を書くだけでも、考えてみれば膨大な知識が使われている。入力の操作にかかわるもの、文字にかかわるもの、文章構成にかかわるもの、構想の具体化の方法にかかわるもの、意図の形成にかかわるもの、などなど。それらのすべてをいちいち意識して、頭の中に格納されている知識から引き出しているわけではない。そんなことを意識したら、とたんに書くことがストップしてしまう。せいぜい、「なんとなくしっくりしない表現だな」などと感じたときに、たとえば、「主語と述語、修飾語と被修飾語はできるだけ接近させて」という文章技法の知識が意識化されるくらいである。実際に表現しているときには、ほとんどそんなことは意識しない。意識しないときほど、いい表現ができていると言ってもよいかもしれない。

なぜ、暗黙の知識が人を動かせるのであろうか。

表現に限らず何らかの領域で、いわゆる専門家と言われている人々は、知識の暗黙化のために（決して意図的にこれをしているわけではない）長期間にわたる膨大な実践的体験、訓練をしている事実があることは確かである。単に教科書や本だけからたくさんの知識を学んでいるのではなく、それを実際に行為として行うことを、想像を絶するくらい何度も何度も繰り返している。

文章表現の領域で言えば、何度も真似をしてみる、名文を繰り返し読む、ともかくたくさん書いてみるなどの実践的経験をしている。こうした経験を通して、「このようなときには、こうすればよい」といった知識の手続き化がなされるようである。一つの事実として覚えていたことが、行為にかかわる知識と結びついて、新たな知識の世界が作られる。それが、どうして暗黙化されてしまうのか、そして、どうしてそれほどすばらしい行為がほとんど自動的にできるようになるのか。残念ながら、現在の認知心理学では、まだうまく説明できない。

表現をコントロールする

短期記憶内で行われている第3番目の処理が、評価である。一般に言う推敲も、これに含まれる。その他にも、短期記憶内での処理結果についての良し悪しの評価もある。この評価の過程は、表現過程全体をコントロールすることになる。

一つの表現行為が完成するまでには、図3―1のような情報処理の全過程が円滑に動かなくてはならない。そのためには、この過程全体を管理・運営するコントロール・システムが必要である。このコントロール・システムは、自分の認知過程の認知をしているというところからメタ認知とか、認知過程を調整・制御しているところからモニタリング・システムとも呼ばれている。評価とは、まさにこのシステムの働きのことである。

コントロール・システムの働きは、しかるべき表現環境で、それにふさわしい表現行為が行われているかどうかを絶えずチェックしながら、表現意図の発生を促したり、構想の具体化をはかったり、表現システムへの変換をさせることである。

このシステムは、表現にかかわる知識が豊富になるほど、その性能が高くなってくる。たとえばこういうことになる。知識として何が不足しているかがわかるためには、それに関連する知識をあらかじめ、いくぶんなりとも持っていないとどうにもならない。また、構想の具体化とはどういうことかの知識があれば、実際の場面で、もっと有力な方策がとれることになる。表現システムについての知識がしっかりしていればいるほど、誤字の訂正も、文法的な誤りの訂正も、ずっと完璧にできるようになる。

かくして、このシステムを強化するためには、表現についての知識、教科書的知識も体験的知識も、たくさん学ぶことが必要となる。しかも、常に学ぶ、あるいは学ぼうという心構えが大事である。

事例３－５　文章の書き方を教える

デパートや新聞社の主催するカルチャー・センターでは、文章教室、あるいは小説作法教室が開講されている。大学でも、２単位程度の「国語」の時間をもうけているところがある。その講義内容の概要のサンプルを２種類ほど紹介しておく（数字はそれぞれの講義回数）。

ａ　①国語表現について　②文章を書く手順　③・④主題　⑤・⑥材料　⑦・⑧構

成、⑨・⑩段落（森岡健二「文章の書き方と話し方」学燈社より）
b　①文章とは　②事実と推論の違い　③主題の展開　④文相互の連接関係　⑤アウトラインの作成　⑥文章形式（T大学「国語」担当教官の授業概要より）

表現を技術化する

第1章でも述べたように、短期記憶では一度にできることに制限がある。構想化も表現システムへの変換も評価も、この制限の中で行われなければならない。それぞれ処理の効率をいかに上げるかが問題となってくる。そのためには、２つの方策がある。

その一つは、一つ一つの処理に注意を払わなくともよいように処理の自動化をすることである。処理が自動化されれば、必要な注意の量が少なくてすむので、短期記憶を有効に使えることになる。

たとえば、かなを書くときには、ほとんど無意識的に文字形が出てくるが、むずかしい漢字を書こうとすると「さて、どんな字形であったか」を一生懸命に思い出そうと努力しなければならない。それだけで、一時的に短期記憶内が占領されてしまい、他の処理ができなくなってしまう。処理の自動化は、前の項で述べた知識の暗黙化と関係している。暗黙化されてしまえば、意識的に注意を払う必要がなくなるからである。これには訓練と体験の反復が大事であることは、すでに述べた。

もう一つは、外在化である。これは、処理系の内部で行われていることを外に出すことである。計算で言えば、5＋9なら頭の中だけで計算できるが、548＋6238となると、紙に書いて筆算しなくては答えが出せない。この筆算が外在化である。これによって、短期記憶内のスペースを一時的にあけて他のことに使うことができる。

表現するときにも、紙にメモしたり、混同しやすい表記は一覧表にしたりなどの外在化の助けを借りることがある。こうした自分なりの外在化に加えて、誰もが使える外在化の手段がある。それが表現にかかわる技術に他ならない。ＫＪ法や連想マップは、構想の技術化である。正書法は（日本語には、これといって確定した正書法のないのが問題なのだが）、構想を表現システムへ変換する技術化の一部である。

近年、表現についてのこのような技術化がコンピュータに支援されて、格段に進歩してきているので活用したいものである。その一例を表３—１に示す。

1	文の長さ	例えば60字を超える文をチェック
2	※接続詞・接続助詞の使い方	だから、そして、また等をチェック
3	区切り記号	例えば読点4個を超える文をチェック
4	段落の長さ	例えば6文を超える段落をチェック
5	ひらがな列	例えば4文字を超えるひらがな文をチェック
6	常用漢字	醤油→しょう油等をチェック
7	※漢字の使い分け	追究、追求、追及等をチェック
8	※同訓異字	初めて→始めて、造る→作る等をチェック
9	※仮名・漢字の書きかえ	敢えて→あえて等をチェック
10	※送り仮名	行なわれた→行われた等をチェック
11	※誤り語	一鳥一石→一朝一夕等をチェック
12	キーワード一覧	ユーザーの任意設定文字列
13	※文語的表現	すべき→しなければならない等をチェック
14	※指示語の使い方	その、それ等をチェック
15	ユーザー登録辞書	ユーザーの任意登録語

上記の表の※印の項目に関しては、間違いやすい語句・用法など約4200語を登録している添削支援辞書に基づいてチェックします。（リポート5100/5200新聞広告より）

表3-1 **文書校正機能の例**

解答

問3-1　a「白い方」　b「丸の方」　c「白い丸の方」で十分なはずである。

問3-2　すばらしい紀行記事を書くことで知られている貴社の記者は、港に寄港して、雑誌に寄稿する行政機構についての原稿を書きあげたあとで、帰社せずに、汽車で気候のよい土地に住む貴公を訪ねるために出かけた。

問3-3　①名詞の反復。第一文に出てきた「雨」を第二文でも反復して、意味的に一貫性をもたせている。②指示代名詞の使用。第三文「それ」、第四文「その」、第七文「それ」を使って、前後の文をつなげている。③接続詞の第六文「それで」を使用。なお、この文章全体は、無意味文である。

COLUMN

「具体と抽象」

常套句「何か具体例がありますか」

雑誌やＴＶの取材でインタビューを受けることがある。その中で必ず質問されるのは、「何か具体的な例がありませんか」である。

話をわかりやすくしたり、説得的にするためには、抽象的な話ばかりではまずいということであろう。

具体例は、適切に使われれば、話をわかりやすくするし、語りの内容をシャープにする。

具体例は、こうした語りの場面だけでなく、思考を豊潤にするためにも役立つ。

しかし、具体例ばかりでは、話にまとまりがない。そこで、具体―抽象のはしごを登り降りすることになる。

人の思考は、具体と抽象の間を絶えず往復している状態がよい。

我々のような研究者の場合で言うなら、モデルとデータの間の登り降りである。商品開発の場合なら、コンセプトと試作品の間の登り降りである。

具体ばかりでは思考が硬くなる。抽象ばかりでは思考が甘くなるからである。

抽象化すると

抽象化は2つのステップを経て行われる。

まず、個別の具体の中に共通するものを抽出するステップである。

次のステップは、その共通したものに、ことば（概念）を割り付けることである。このステップでは、当然、他の概念との関係のネットワークが構築されることになるので、関連する知識をどの程度持っているかが大事になる。豊潤な知識が豊潤な抽象化を生む。

こうしたステップによる抽象化によって、より広い普遍的な観点から物事が鳥瞰《ちょうかん》できるし表現することもできるようになる。

ただし、抽象化もどんどんその階段の上へ上へと誘惑するものを内在させているので、要注意である。だからこその、具体―抽象の登り降りである。

具体化すると

具体化とは、概念を目に見えるように（イメージできるように）することである。「家具」のイメージは漠然としていても、「椅子」「座椅子」なら、簡単かつ鮮明にイメージできる。これが具体化である。

具体化すると情報が増える。そこには、夾雑物《きょうざつぶつ》も入っている。それにとらわれてしまうと、本質が見えなくなってしまう。具体の桎梏《しっこく》である。だからこその、具体―抽象の登り降りである。

適度の抽象度で

人は横着である。登ったり降りたりはしんどいので、はしごの適当なところで腰をおろしていて、必要に応じて登ったり降りたりするのはどうかと考えるらしい。

これが、適度の抽象度（具体度）という考えである。

普段は適度の抽象度のところで思いをめぐらし、いったん事があるときだけ、上や下へ思いを向けるわけである。

第4章

さまざまな「わかり方」「わからせ方」

ある表現が「わかりやすい、わかりにくい」というときの「わかる」とは、どういう認知過程かについて考えてみる。まず、日常経験としての「わかる」のさまざまを検討し、ついで、それらを短期記憶—長期記憶のモデルの枠内での情報処理過程として捉えることによって、「わかる」の心理を解剖してみる。

1節 「わかる」のさまざま 99
わかる深さ／論理的にわかる／行動的にわかる／直観的にわかる／確信を持ってわかる／気持ちよくわかる

2節 わかる 110
わかるとは／わかり方にいろいろあるのはなぜ

3節 わからせる 116
「わかる」と「わからせる」／「わからせる」さまざま／メノンのパラドックス

コラム わかりにくさに耐える

１節　「わかる」のさまざま

わかる深さ

「わかる、わからない」は、きわめて日常的なことである。それだけに、さまざまな「わかる、わからない」があることに容易に気づく。

まず、わかる深さの水準がある。つまり、「非常によくわかる」レベルから「まったくわからない」レベルまで、わかる深さに一つの連続性を想定できる。たとえば、「あなたは、コンピュータのことをどの程度わかっているか」と聞かれたら、「少し」とか「まあまあ」とかいった答え方をするであろう。

無論、深くわかるに越したことはない。しかし、世の中のすべてのことについて、常にもっとも深いところでわからなければならないというものでもない。状況によっては、とりあえず浅いわかり方でいいということもある。そうしないと、これだけ情報が氾濫している現代では、処理能力が追いついていけない。わかりやすい表現というときの「わかりやすい」も、受け手が設定したわかる深さとの関係で決まるところがある、という点にも気をつけておく必要がある。つまり、相手が浅いわかり方でいいと決めこんでいるときに、深くわからせようとすると、くどい、ということになる。たとえば、子供に親が説教するようなときが、この典型であろう。逆に、深いわかり方を期待しているときに、浅いわからせ方をしようとすると釈然としない感じを与えることになる。突っ込み不足のテレビ番組などを見るとき、こうした気持ちにさせられることが多い。

こうした「わかる―わからない」という連続体上でわかり方のさまざまがあるのに加えて、質的にも多彩なわかり方があることを、体験的に知っている。そのいくつかを取り上げてみる。

論理的にわかる

近代教育がもっとも価値をおいてきたわかり方が、この論理的わかり方であるといってよいであろう。いくつかの個別的事実から一般的結論を引き出す帰納論理、あるいは、大前提（公理：例「人間は死ぬ」）と小前提（条件：例「太郎は人間である」）とから結論（例「ゆえに太郎は死ぬ」）を引き出す演繹《えんえき》論理とが、よく知られている。

学校では、帰納論理を鍛えるために生物などの経験科学が、演繹論理を鍛えるために数学などの形式科学が、もっぱら教えられてきた。論理に従って展開されたわかり方を執拗に教え込むのが、近代教育の目標であった。これによって、知識の世界で、多くの人々が一つの共通のわかり方の枠組みを持つことができるようになり、それがひいては社会、文化の維持と発展につながることにもなってきた。

しかし、帰納論理にしても演繹論理にしても、その「わかり方」は、必ずしもすべての人が同じというわけではない。たとえば、帰納論理ならこんなことが起こる。

帰納論理の一つの問題として、個別的な事例のいくつについてルールが成立すれば、それを一般的な法則としてよいか、ということがある。この点については、子供では、たった一つの個別的な事例から、いとも簡単に一般的な結論を引き出してしまう（文脈や条件の異なるところへ個別事例に含まれるルールを適用してしまう）ことが知られている。転導推理と呼ばれているものがそれである。たとえば、つぎのような例である。

a　泣いている子供を見て、お母さんに叱られたんだと結論づける。

b　物が倒れているのを見て、地震があったという。

大人でも、日常的な知恵の多くは帰納的な推論からなっているが、その中には転導推理と同じような推論で導かれたものがかなり含まれているはずである。大人の場合は、強い感情的な体験、たとえば、非常にうれしいことや悲しいこと、大きな失敗などを伴うときに、こうした転導推理に近い推論がなされるようである。偏見、俗説の多くが、このようにして形成される。こうしたことが起こるのは、帰納法に、帰納法的飛躍と言われるものがあるからである。つまり、帰納法では、限られた個別的事例についての結論から、あるところで一気に飛躍して、一般的な結論を引き出さなければならない。それが一つの事例だけからなされるのが転導推理、また感情的に強烈な体験に遭遇し、感情論理によって強固な信条にまでなってしまったのが偏見、俗説である。

いくつの個別的事例からの結論なら一般的法則として十分かはわからない。多分、それは数の問題ではないはずである。この飛躍が、何らかの合理的な背景（ただし、これをはっきりとことばで説明することは不可能であろう）のもとでなされたときに、すぐれた創造がなされるし、主観的には「わかった」という強烈な感じを持つことができる。

推論の仕方がきちんと決まっている演繹論理にしても、誰でもが、いつでも誤りなくその推論規則に従えるというわけではない。たとえば、仮言三段論法で、前件否定の誤りとして知られている、非常によく起こる誤った推論の型がある。たとえば、次のようなものである。

大前提　もし風が吹けば桶屋がもうかる
条　件　風が吹かない
結　論　ゆえに桶屋がもうからない

これは、推論規則の上から誤りとも正しいとも決められないというのが正しい。しかし、きわ

めて多くの人が、これを正しい推論であると判断してしまうことが知られている。「論理的な」演繹と、「心理的な」演繹とが必ずしも一致するわけではないことを示す好例である。そして、わかるという主観的体験は、「心理的な」論理の方が強く影響しているらしいことを、またここでも強調しておかねばならないであろう。このあたりのことについては、人の合理的推論とは何か、人はどのようなヒューリスティクス（発見法）を展開するのかという問題として、認知心理学者のみならず、行動経済学者からも熱い関心が向けられている。

行動的にわかる

「あるボタンを押すと画面の状態が変わることがわかる」「お金を入れるとジュースが出てくることを知っている」などなど。いずれも、ある動作と環境のある変化との間に関係のあることがわかっていることを示している。これを行動的わかり方と呼んでおく。

行動的わかり方の特徴は、行動と環境変化との間に介在している機構については知ろうとしないところにある。すなわち、行動と環境変化との間に介在する過程をブラック・ボックスにして、「わかってしまおう」というものである。俗に言う「やり方、手順はわかる」がこれに相当する。

行動的わかり方は、観点を変えれば、一種の因果的なわかり方とも言える。つまり、ある状態の変化を引き起こす原因をみずから操作して、その結果をみずから確かめる、ということであるから、まさに体験的に因果律を確認していることになる。

ここで一つの問題になるのが、原因から結果までの時間的距離である。この距離が、通常は短期記憶におさまるくらいの範囲（たかだか20秒以内）にとどまれば、「わかった」ということになる。しかし、この間隔が大きくなるにつれて、短期記憶から原因となる行為に関する情報が消えてしまい、ある状態の変化が起こっても、それが原因と連合しない、ということが起こる。このとき、わからない状態が発生する。

あるいは、原因と結果とが時間的に離れてくると、何かを待たされるイライラを体験させられることになり、気持ちがよくない。人間は、自分のしたことの効果をすぐに確かめたい存在らしい。

問4-1　次の文章のうち、どれが一番自然か。

a　電源を入れると、矢印が点滅します。これで正常です。
b　正常であることを示すために、電源を入れると矢印が点滅します。
c　電源を入れると、正常であることを示すために、矢印が点滅します。

解答は章末

子供でも大人でも、あることを学習しはじめた頃には、こうした行動的なわかり方が、とりあえずの方略として最適であることが多い。また、マニュアルなどの「わかり方」も、このたぐいのわかり方ができればいい、ということがある。現実は、これさえ満たしてくれないマニュアルが多いのはご承知の通りである。

直観的にわかる

論理的にわかるにしても、行動的にわかるにしても、「わかった」理由がわかったという点では共通している。

しかし、こうした分析的わかり方とは違って、「ともかくわかった」、「理屈はわからないがわかった」というわかり方がある。それが、ここでいう「直観的」わかり方である。その特徴は、次のような点にある。

・わかるレベルが深い。ことの本質がきちんとわかっている。
・まとめてたくさんのことがわかる。
・きわめて主観的である。場合によっては、「誤っている」ことさえある。
・瞬間的にわかる。とはいっても、わかる以前には、わからない状態がかなり長く続くのが普通である。
・確信を持ってわかったと言える。自己評価が伴うわかり方である。
・わかった理由を説明できない。理由を説明できたとしても、あとづけ説明に過ぎないことが多い。

子供のわかり方、創造活動でのわかり方の多くが、質の違いこそあれ、この型である。また、多分、帰納法的飛躍によるわかり方も、直観的であろう。

直観的わかり方の情報メカニズムがわかると、人のわかり方についての研究も飛躍的に進歩するはずである。

確信を持ってわかる

「浅いわかり方」でも「深いわかり方」でも、わかるときには、普通は確信が伴う。つまり、確信を持って浅い「わかり方」しかできないとか、深い「わかり方」をしたつもりでも確信がない、といったことが起こる。

これは、自分の情報処理系の働きとそこで処理された結果とについて管理・調整している機構、つまり、メタ認知機構の働きによっている。この機構が、一種の自己評価機能をも保持していると考えるのである。

メタ認知機構が十分に機能すれば、人の情報処理は適応的に行われる。ある課題の解決に必要な知識が長期記憶の中に存在しているか、課題の解決には入力情報にどのような処理を施せばいいのか、そのためにはどのような認知機能を使えばいいのか、そして、処理された結果は課題解決の目標にかなっているか、などの判断をしながら認知活動を管理・調整することになる。

「確信のあるわかり方」は、メタ認知機構が十分に機能し、それに処理系全体がコントロールされたということを反映していると考えられる。そして、「確信のないわかり方」は、何らかの理由で、メタ認知の機能がうまく働かなかったか、処理系がメタ認知のコントロールに従えなかったかによって生じたものであろう。

たとえば、メタ認知能力のまだ十分に発達していない子供では、ある課題をさせるために問題を説明して、「何をするかわかりましたか」と念を押すと、「ハイ、わかりました」と答える。そこで実際にやらせてみると、まったくできない、というようなことがごく普通に起こる。もし、メタ認知能力が発達していれば、事前に適当な質問をして足りない情報を仕入れてから、課題の解決に取りかかることになるはずである。

事例4-1　日本人は質問しない

アメリカの大学の授業風景を見てビックリさせられるのは、受講学生の行儀の悪さと、それに反比例するかのような「まじめな」取り組み方である。コーヒーやジュースを飲みながらは当たり前、仲むつまじく手をつないでいるカップルさえいる。しかし、私語などまず皆無。さらに驚かされるのは、絶えず教室のあちらこちらから質問が出てくるのである。授業がダイナミックに展開されている。

ひるがえって日本の大学では、少人数の演習でも、相当しつこく質問を促すか、質問者をあらかじめ決めておくかしないと、質問が自発的に出てくることは、ほとんどない。まさか、日本人のメタ認知能力がアメリカ人より劣るわけではあるまい。集団志向の文化と、自己主張の文化の違いと言って片づけてしまっていいことでもなさそうである。

気持ちよくわかる

「わかる」のは、気持ちのよいものである。わからないままで放っておかれると気持ちが悪い。場合によっては、その気持ちの悪さに耐えきれなくなって、自分で勝手に解釈してわかったことにしてしまう、というようなことも起こる。こうした人間の性癖を逆用して心の中を知ろうとする心理テストがあるくらいである。

こうした日常的体験からわかるように、「わかる、わからない」といった知的なものにも、「気持ちがよい悪い」といった情緒的なものが密接に絡んでいる。つまり、情緒システムが知的情報処理過程とそこからの生成物の質の評価をする形で介在しているのである。

情緒的な評価は、メタ認知機構による評価とは異なり、そこには、はっきりと理由を示すことのできる評価の基準があるわけではない。したがって、その評価はきわめて主観的、恣意的である。しかし、ある理論の真理性の評価がその理論の枠内ではできないという「ゲーデルの不完全性定理」に思いをはせると、あるいは「美しい理論」「エレガントな理論」といった言い方がなされることなどに思いをはせると、情緒機構による知的生成物の評価も一つの意義を持つように思う。少なくとも、自己の知的活動をモニターする際の重要な役割を情緒システムが担っていることは間違いない。

知的な情報処理と情的な情報処理との関係についても、今、「暖かい」認知現象、あるいは「暑い」認知現象と呼んで、関心が向けられている。『「温かい認知」の心理学』（金子書房）という書を編んだこともある。

2節 わかる

わかるとは

1節で、いろいろなわかり方を見てきた。多彩なわかり方のすべてを説明できるモデルを提案できる自信はないが、第1章で紹介した二貯蔵庫モデルの枠内でとりあえず考えてみる。まず、定義的な言い方をしてしまう。

「わかるとは、入力情報が、人間の情報処理系の中で適切に処理されて、頭の中に格納されている既有の知識に同化させることができたか、あるいは既有の知識をうまく調節できることである」

ここで、同化・調節ということばを説明しておく。同化とは、ちょうど食物を消化、吸収するようなもので、入力情報を長期記憶の中にある知識（ピアジェのことばを使えばスキーマ）の中に取り込むことである。調節とは、歯もまだ十分にはえていない乳児が少し固いものを食べるときのようなもので、既有の知識の中にうまく取り込めない情報が入ってきたときに、既有の知識の組み立てを少し変えたりして、何とかしてその新しい入力情報を取り込むことである。取り込めるように、既有知識の変更ができたとき、調節に成功、そして「わかった」ということになる。取り込めなければ調節に失敗したことになり、「わからない」ということになる。同化が既有知識を一層強固なものにするのに対して、調節は、新しい知識の形成につながる。

わかるとは、端的に言うなら、同化と調節とが適度に行われることに他ならない。逆に、わからないとは、同化もできず、かといって調節もできない状態ということになる。

さて、わかるをこのように定義すると、わかるためには、次の２つのことが深くかかわってくることになる。

一つは、短期記憶での入力情報の処理である。ここで「適切な」処理がなされなければ、わからないということになる。もう一つは、長期記憶に格納されている既有知識である。これがなければ、入力情報は、同化も調節もできないわけであるから、わからないということになる。

前者の「適切な」処理とは、入力される情報に対して、それをどう処理すべきかの要求（課題要求）にふさわしい処理ということになる。たとえば、「ＵＳＢメモリをＵＳＢポートに接続せよ」という文章がわかるというとき、「ただそれを読め」という課題であれば、文字を音に変換する処理ができれば十分である。これが、「その手順を実行せよ」なら、ＵＳＢメモリやＵＳＢポートが意味するもの、さらにそれらの関係性や形状についての知識までも引き出して、実際の動作として表現するための情報処理をしなくてはならない。

「適切な」処理ができるためには、もちろん、長期記憶の中に処理を助けるための知識が存在しなければならない。これが後者の問題である。その知識を「適切に」援用することが、「適切な」処理をすることになる。

ところで、長期記憶に格納されている知識とは、どのようなものであろうか。

長期記憶の知識は、短期記憶で処理された情報が逐一、長期間にわたり保存されてきたものである。その量は膨大で、またその質も多彩である。「いつどこで何がどうした」という自己の体験にもとづいたエピソード的知識、「何々についての」という教科書などの一般的記述にもとづいた意味的知識、「〜ならば〜せよ」という手続き型知識、さらに「〜は〜である」という宣言型知識など。また、格納されている符号の形態も、イメージのようなアナログ的符号あり、命題（意味の最小単位）のような言語的符号あり、さらにメンタルモデル（第６章で詳しく取り上げる）のような知識のミニチュア世界あり、という具合である。

この膨大かつ多彩な知識は、長期記憶の中で、お互いに複雑な関係を保ちながら体制化されていて、短期記憶からの要請に応じて利用される。どのような知識がどのように利用されるかが、わかり方のさまざまを生み出す。

たとえば、次のような場合を考えてみよう。

「海」という字の形が「海」であるとわかる（パターン認識できる）には、「海」の字形についての知識と、入力された「海」から抽出された漢字の形についての符号とが照合されなければならない。ちなみに、パターン認識の理論の一つである特徴抽出モデルでは、縦線、横線の数、交差の数など、字形についての形態的特徴のリストが照合されることになっている。

さらに、「海のついた熟語をたくさん見て、海の意味を知る」という課題が与えられたとする。まず「海」の読み方、意味などを既有の知識の中から探しまわり、熟語を見てはその意味をわかろうとする。わかれば、同化できたことになる。しかし、「海内」（読みはカイダイ。国内、天下の意）という熟語を見つけたら、「海」には、ウミの意だけではなく、「広いもの、多く集まるところの意」もあることに気づかされ、「海」についてのこれまでの知識の調節を迫られることになる。そして、その調節ができたとき、言い換えると、既有知識の変更ができたとき、わかったということになる。

問4-2 次の文章はどのようにして作られたか。 解答は章末

「この研究の目的は、二分論的な一次元性という概念タキソノミーを設定して、計算可能性が脳科学の説明的妥当性を検証しうるかを文学的分析によって吟味することである。」（ジョンソン＝レアード『メンタルモデル』産業図書より改変して使用）

わかり方にいろいろあるのはなぜ

「わかる」をこのように考えてみると、この章の冒頭で見てきたわかり方のさまざまは、次のように説明できる。

まず、浅くわかるとは、入力情報が、ともかくわずかでも知識と照合できたということになる。入力情報が何らかの理由で処理系の中で十分に分析されなかったり、入力情報に関連した知識が長期記憶の中にあまり存在しない状態のときに、浅いわかり方がなされることになる。これに対して、「深いわかり方」は、入力情報が処理系の中で精緻に分析され、それと照合するための知識も長期記憶の中に豊富に格納されているときに起こる。

短期記憶での入力情報の分析の精緻さと知識の豊富さとはほとんど連動しているが、たとえ

ば、ごく短時間で情報の処理が要求されたりすれば、十分な知識があっても、入力情報の分析は粗いものになり、わかり方も浅いものとならざるをえないということもある。

「論理的にわかる、行動的にわかる」ためには、論理や因果律を展開するためのルールを知識として持っていなければならない。その知識があれば、特定の条件やいくつかの個別の事例が照合されただけで、それまでにはなかった新しい知識を生み出すことができる。したがって、この場合は、もっぱら知識の調節によるわかり方が展開されることになる。

「直観的にわかる」のは、部分的には同化できたものの、その関連性がわからないままであったものが、何らかのきっかけで一気に関連がついた状態と考えられる。そのきっかけが何かがわかれば、創造性の認知過程の重要部分がわかったことになるはずであるが、ＡＩ（人工知能）研究の進展とともに、新たな展開が起こるかもしれない。

「確信のあるわかり方」と「気持ちのよいわかり方」とについては、いずれも、わかった結果についての、言い換えれば、照合のされ方についてのメタ認知的、情緒的評価の問題である。この部分のメカニズムはまだあまりわかっていない。

3節 わからせる

「わかる」と「わからせる」

「わかる」「わからせる」という関係は、コミュニケーションの基本である。知的コミュニケーションはもとより、欲求の発散や感情の表出をする情緒的コミュニケーションにおいても、これは変わらない。情報の送り手は何とかわからせようとしてさまざまな工夫をこらして伝達する。そして、受け手は、送り手の伝達意図を何とかわかろうとする。これが、コミュニケーションの基本的関係である。

したがって、送り手にわからせようとの工夫がなされないとき、あるいは、受け手にわかろうとの意欲がないときには、コミュニケーションの成立はむずかしい。

しかし、情報化社会では、送り手の意図のほうが優勢で、受け手のことをほとんど考慮しない膨大な情報が、コミュニケーション・ネットワーク上を流れる。SNS（ソーシャル・ネットワーキング・サービス）が普及して、インターネット上で双方向のやりとりが気軽にできるようになった今でも、やはりその傾向は変わらない。情報があまりにあふれているため、受け手は、取り込む情報よりも、拒絶あるいは無視する情報の方がはるかに多いという情報環境に日常的にさらされている。そこには、真のコミュニケーションが存在しないとさえ言える。マス・コミュニケーションの世界では、こうした状況が典型的にあらわれている。そして、日本においては、教育の世界でさえも、この偏ったコミュニケーションの影響を強く受けているかに見えるところに、事態の深刻さを見る思いである。

それはさておくとして、こうした情報環境の中で、「わからせる」「わかる」を基本としたコミュニケーションを成立させるのは、やさしいことではない。このことの認識は、まず必要である。

本書では、その「わからせる」工夫について、「わかる」とはどういうことかを踏まえて考えていきたいのである。その前に、「わからせる」ということを、もっとわかってもらうために、「わかる」と絡めて、基本的なことを述べておく。

「わからせる」さまざま

1節では、「わかる」にもいろいろあることを述べた。どの「わかる」を想定して「わからせる」かが、したがって問題になってくる。たとえば、マニュアルでは、とりあえずは「行動的にわからせればよし」ということになるであろうし、勉強への動機づけを与えようとするなら、60%くらいのわからせ方が好ましいということになろう（100%わからせてしまえば、もはやそれ以上にみずから勉強しなくなるだろうし、まったくわからなければ何をどのように勉強していいかがわからないから)。いつも、論理的に、深く、確信を持って、気持ちよくわからせなければならないわけではない。わからせるにも、いろいろあることをここでも知る必要がある。前節の「わかる」のそれぞれに対応させて、わからせ方のさまざまを少し考えてみる。

(1)深くわからせる。

深くわからせるポイントは、受け手の長期記憶にある既有知識とどれだけ豊富な照合ができる入力情報を提供できるかにかかっている。たとえ(比喩)、イラスト、冗長性を持たせた表現などなど。すべて、照合の可能性を高めるためのお膳立てとなる。

また、同じ入力情報であっても、頭の中の既有知識にそれを符号化し、照合するためのものがなければどうにもならない。専門家には、何の苦もなくわかる機械の故障の兆候が、門外漢には見当もつかない、といったことの中に、「わかる、わからせる」にあたって、既有知識がいかに大事であるかをうかがい知ることができる。

(2)論理的にわからせる。

いつも誰でも心がけているわからせ方がこれである。したがって、誰にも比較的簡単にできそうに思うわからせ方である。そのためもあってか、理を尽くしてわからせようとしてわからないときは、受け手の頭が悪いとの決めつけさえ、しばしば起こる。

しかし、論理を操る能力には人によって得手不得手がある。また、論理（思考のルール）は、知識の個別的内容とは原理的には独立していても、人間の思考の世界でそれが実行されると、論理と内容とは必ずしも独立ではない。同じ論理を展開すれば解ける問題も、状況を変える（知識内容を変える）と解けなくなってしまう思考の領域固有性という現象に、このあたりの事情が如実にあらわれている。これについては、第６章のメンタルモデルのところでも再び取り上げられることになる。とりあえず、次の事例に挑戦してみてほしい。

問４-３　問題ａとｂが同根であることを確かめよ（社会心理学者・ウェイソンにもとづく）。解答は章末

問題ａ「Ｘならば、必ずＹである」ということが、正しいことを確認するためには、次の４つのうちのどれとどれとを確認すれば十分か。

ア　Ｘなら、Ｙである

イ　Ｘでないなら、Ｙでない

ウ　Ｙなら、Ｘである

エ　YでないならXでない

問題b「スーパーに行くときは、必ず自転車で行く」ということが、正しいことを確認するためには、次の4つのうちのどれとどれとを確認すれば十分か。

ア　徒歩で行くときは、学校へ行く
イ　スーパーに行くときは、自転車で行く
ウ　自転車で行くときは、スーパーへ行く
エ　学校へ行くときは、徒歩で行く

(3)行動的にわからせる。

何をどうするかを「きちんと」説明すれば、理屈はともかくとして、少なくとも行動としてその通りのことはできそうである。こうした「行動的わからせ方」は、わからせ方の最終目標ではないかもしれないが、とりあえずはこれでよいということも、現実生活の上でしばしばある。

問題は、「きちんと」である。これがとてつもなくむずかしいのである。

ためしに、箸の使い方を外国人に教える文章を書いてみてほしい。簡単なようで、これが実にむずかしい。「こうするのです」と実演できれば楽だが、文章に書くとなると絶望的になる。商品マニュアルがわかりにくいのももっともなことと、つまらない共感をしてしまう。文章表現の世界と行動の世界との間にも、構想から表現への交換と同じように、かなり大きなギャップが存在するようである。デジタル記号（文章）によって、アナログ世界（行動）を、どこまで「きちんと」表現できるかの問題であろう。

(4)直観的にわからせる。

わからせ方としては、一番効率のよいわからせ方である。時間をかける必要もないし、しかも、通常は「深い」わからせ方が可能である。しかし、受け手の側に直観を働かせるに足る十分な知識と、認知技能（頭の働かせ方）がなければならない。また、送り手としては、受け手が直観を働かせられるきっかけとして、何を与えればいいかがわからない。こうしたむずかしさがあるので、あまり直観的にわからせることに意を配らない方が無難である。ただ、たとえをうまく利用して類推思考を促すような工夫や、図解によるイメージ思考を促す工夫などは、「直観的なわからせ方」に有効であることは知っておいてよい。これらについては、第7章でも述べる。

(5)確信のあるわからせ方をする。

何が受け手にとって確信のあるわかり方かは、人によって異なる。ある人は、論理的であるこ

との方が確信を持ってわかるとしても、別の人にとっては、直観的にわかる方が確信を持てるかもしれない。多分、それはその人の知識の運用のくせや習慣によって決まるように思う。

　したがって、送り手の側からすれば、「確信のあるわからせ方」をするには、受け手の知識運用のくせや習慣に合わせればいい、ということになるのだが、これがむずかしい。受け手が目の前にいるときでさえも、その人がどのように考えているのかを知るのは至難のわざである。ましてや、書くときのように読み手が見えないとなると、これは絶望的である。にもかかわらず、執拗に受け手の頭の中がどうなっているかに想いをめぐらすことは、わかりやすい表現をするためには絶対に必要である。メンタルモデルについて述べる第6章で、この点をさらに突っ込んで考えてみたい。

ただ、わかったかどうかの確認をすることぐらいはできる。具体的には、質問を受け入れる機会を増やす、例題や問いを用意してみることである。確信は、そうした問題を解けるかどうかの確認を通して受け手に意識化されるからである。これについては第7章で具体的に述べる。

⑹気持ちよくわからせる。

わかることは、気持ちのよいものである。「わからせる」ことさえできれば受け手は気持ちよくなるわけであるから、あえて「気持ちよく」わからせようと考えることはないのかもしれない。しかし、たとえば、こんなわかり方は、あまり気持ちよくはないはずである。

・わかることの意味、目的を教えられずに強制的にわからせられたとき。アルバイトやパートの仕事などで、仕事をすることの意味が教えられないままに作業をさせられたときに起こる。

・提供された情報が不足していて、自分でさんざん苦労させられてやっとわからせられたとき。それが自分にとって価値のあるものならばよい。しかし、どうでもよいことなら、あっさりとわかって片をつけたいものである。

・情報がきちんと表現されていない状態でわからせられたとき。確かによくよく読めば必要なことが書かれているのだが、組織化されていなかったり、あちこちを参照させられたりすると腹が立つ。

どうせわからせるなら、気持ちよくわからせたいものである。気持ちよくわかったことは、記憶されやすいし、記憶から引き出されやすいことが知られている（ポリアンナ原理：快原理）からである。

メノンのパラドックス

わかるとは、短期記憶で符号化された情報が、長期記憶に格納されている知識と照合できることであると述べた。これが、わかるということだとすると、奇妙なことが起こる。つまり、かの有名なメノンのパラドックス（プラトンによる）、「わからないことは何がわからないのかわからないのだからわかることはできない。わかっていることは、わかっているのだから、あらためてわかる必要がない」になってしまう。

「はじめに知識ありき」では説得力がない。長期記憶に格納されていない新しいことがわかるようになるということは、どう考えたらいいのであろうか。知識形成の基本的な問題に対して、メノンのパラドックスは鋭い問いかけをしているのである。

決定的な解答があるわけではない。少しずつわかってくるという事実の中に、一つの示唆があるかもしれない。わくわくしながら推理小説を読んでいるときの状態を思い出してほしい。つまり、照合できない部分が、少しずつ短期記憶や長期記憶の中に残って、それが、次の入力との照合を期待しながら待機している姿が、現実的なところかもしれない。逆に言うなら、この待機している要素の数が「適度」なときに、もっと読みたい、もっと知りたい、との思いにかられることになるように思う。この「適度」がむずかしい。このあたりの勘どころがつかめたとき、すぐれた表現者になれるのであろう。

解答

問4-1　bの表現は、題目文が先にあり、原因―結果文となっているので、もっとも自然。aは、対話などではありかもしれない。cは、とかく長文になりがちなので、やめた方が無難である。

問4-2　照合できるもの――文字形とその読み、（多分）語彙の一部、文法規則。この文章がわからない最大の原因は、仮に語彙のすべてがわかったにしても、それらの間の「意味的関係」が照合できないところにある。そもそも、でたらめにことばをならべて作った文だからである。

問4-3　aはアとエ、bはアとイ。aのエとbのアは、「命題の対偶をとる」というルールを適用したものである。逆の「YならX」を誤って選ぶケースが、aの場合に多くなることが実験から知られている。

COLUMN

「わかりにくさに耐える」

「わかりやすい」ってどんなこと？

30年前になるが、マニュアル（操作説明書）のわかりやすさの研究をしていたことがある。いくつかの研究テーマの遍歴があるが、このテーマが一番おもしろかった。研究としても、基礎と応用とのバランスがとれていてなかなかのものだったと自負している。

どんなことをしたかというと、「ユーザー（機器の使用者）は、マニュアルを読む時に、こんなふうに頭を働かせて読むのだから（心理法則）、作成者は、こんな指針（デザイン原理）に従ってマニュアルを作成すべし」ということを網羅的に提案したのである。

たとえば、（「――」がデザイン原理。〈〈――が心理法則）

○指針１「操作の結果を示す」〈〈やったことは即刻確認したい

例　ＢＦキーを押します（操作）―ＸＰ画面が出ます（結果）

○指針２「操作の全体像を先に示す」〈〈認知地図を早く持ちたい

例　次の５つのステップを踏むと、入力画面が表示されます。

○指針３「操作の目的、意味を先に示す」〈〈なぜそうするのかを知りたい

例　不要な文字を削除します。ＫＨキーを押してください。

○指針４「具体例を入れる」〈〈現実との対応をとりたい
　例　カタカナのアを入力してみましょう。
○指針５「メリハリをつける」〈〈大事なものが何かを示す
　例　大事な用語は、ゴシック体にする。

テクニカル・ライターが、文章技法や視覚化のリテラシーを踏まえた上で、さらに、こうした心理法則から派生する指針に従って作成することで、ユーザーにわかりやすいマニュアルが提供できることになった（と思っている）。
当時は、マニュアルは機器の設計者が一番情報を持っているので、その人に書かせればよいという考えで、技術的には正確無比、しかし、ユーザーにはちんぷんかんぷんのマニュアルが出回っていた中、この提案はかなりインパクトがあった（と思っている）。

「わかりやすさ」は至るところで

マニュアルでのわかりやすさの研究をしている中で、さまざまな領域での「わかりやすさ」も気になりだして、文書設計、デジタル機器のインターフェース設計、さらに、授業やプレゼンなどでのわかりやすさにも手を出してみた。そして、それぞれの領域に固有のわかりやすさの問題があることを知り、数冊の関連書籍も上梓できた。最新刊は『わかりやすさとコミュニケーションの心理学』（朝倉実践心理学講座）である。

さらに、「わかりやすさ」が、一筋縄ではいかない面も、とりわけ、教育の世界にはあることも気がついた。

わかりにくさ耐性も大事

わかりやすさをコミュニケーションの中に作り込めば、受け手が情報を取り込むために使う頭の努力は軽減される。

しかし、そういうわかりやすいコミュニケーション状況に慣れてしまうことが、いかに教育的でないかにも思いをはせなければならない。とりわけ、子供にとって、わからないことは受け付けないという学びの習慣ができてしまうのは好ましくない。

では、その趣向とは、どんなものか。具体的なものはスペースの関係で省くが、心がけとしては、次の3つが必要だと思う。

まずは、なんとしても、わからせたいとの強い思いが必要。そこには、それが子供にとって大事なことという暗黙のメッセージも含まれるからである。

2つめは、子供の頭の働きと知識への配慮が必要。子供の持っている既有の知識を活用できる情報を手がかりに新しいことを教えるのである。たとえや具体例が大事になる。

３つめは、教え過ぎない、与え過ぎないという抑制が必要。知っていることすべてを教えたい、与えたいとの気持ちは、子供にとっては重荷になる。少しずつ小出しにするくらいの気持ちがあってちょうどよい。

認知表現学の
実践

第5章 気持ちを引き込む表現の工夫 132
～「わかりたい」「わかりそう」と思わせる
第6章 相手の知識の世界に配慮する 154
第7章 「読みたい」「聞きたい」気持ちにさせる表現の技術 194

第5章

気持ちを引き込む表現の工夫

～「わかりたい」「わかりそう」と思わせる

相手が、いつも、どんな苦労をしてでもわかりたいとの気持ちがあれば、表現する側は楽ができる。しかし、しばしば相手がわかろうとする気持ちがないにもかかわらず、なんとしてでも相手にわかってもらわなければ、ということが起こる。こんなときには、とりあえず、相手にわかりたいという気持ちを起こさせる表現上の工夫をすることが必要になる。そのあたりの工夫を紹介してみたい。

1節 わかることは楽しい 133

なぜわかりたいのか／認知的に気持ちが悪い

2節 わかりたいと思わせる工夫 137

情緒に訴える／知的好奇心をわかせる／わかることの利益をはっきり／わかりそうと思わせる

コラム 知的好奇心

1節　わかることは楽しい

なぜわかりたいのか

人間はなぜわかりたいのであろうか。

人間には、生まれながら、知りたい、わかりたいとの欲求、つまり、知的好奇心が備わっているとの考えがある。だから、わかりたいのだ、と言ってしまえば、ここでの話は終わりである。ちなみに、人間についてのこうした説明を本能論といい、かつては心理学的説明として使われたこともある。しかし、これでは、人間のことすべてが、それはそうしたいとの本能のなせるわざ、という説明でおしまいになってしまう。「すべて神の御心しだい」と同じになってしまい、およそ科学的ではない。

仮に、知的好奇心が生得的に人間に備わっているにしても、もう少しその正体を知りたいと思わしめるのが、人間の知的好奇心である。第1章の情報処理のマクロモデルと第4章の「わかる」についてのモデルとを踏まえて、知的好奇心について考えてみる。

入力された情報が、長期記憶の知識と同化できたときに、わかったとなる。完全にわかってしまえば、「なるほどそうか」でおしまいになる。知的好奇心がわいてくるのは、わからない状態が発生したとき、つまり既有の知識を調節する必要があるときに、わかるようになりたいとの気持ちがわくようでなければならない。

とは言っても、入力された情報が短期記憶でまったく処理できないというときには、知的好奇心は発生しない。見たこともない文字で書かれた文章を読めと言われても、短期記憶での符号化を助けるための知識が長期記憶にないのだから、どうにもならない。こんなときには知的好奇心のわきようがない。しかし、それでもわかりたいと思わしめることがないわけではないが、それは知的好奇心というよりも、もっと別の動因、たとえば、わからないとメシを食わしてもらえないとか、それを解読して有名になりたいといったような外的な誘因によるものが多いはずである。

事例5-1 「わかる」のいろいろを体験する

次の文章は、いずれも同じ意味である。わかり方のいろいろと知的好奇心との関係を実感してほしい。

a 私はあなたが好きです。

b I love you.（英語）

c　Je t'aime.（フランス語）
d　我爱你。（中国語）
e　ผมรักคุณ.（タイ語）

知的好奇心のわいてくるのは、基本的には次のようなケースである。

符号化の段階にしても、調節の段階にしても、入力された情報のうち、処理できたものと処理できないものとが、「適当な割合」で混ざるようなケースである。処理できないものが多過ぎても少な過ぎても、知的好奇心はわかない。微妙である。

事例5―1で言えば、中国語を知らない日本人でも、漢字についての知識はあるので、ｄあたりがちょうど、知的好奇心がわくところではないだろうか。ｅのタイ文字になると、筆者にはどうにもならない。

認知的に気持ちが悪い

「犬が人をかむ」は、完全に既有知識に同化できてしまう。したがって、わかったとなる。不思議でも何でもない。知的好奇心もわきようがない。これが、「人が犬をかむ」となると、文章の文字通りの意味はわかっても、何が起こったのかについては、今までの自分の持っている知識を

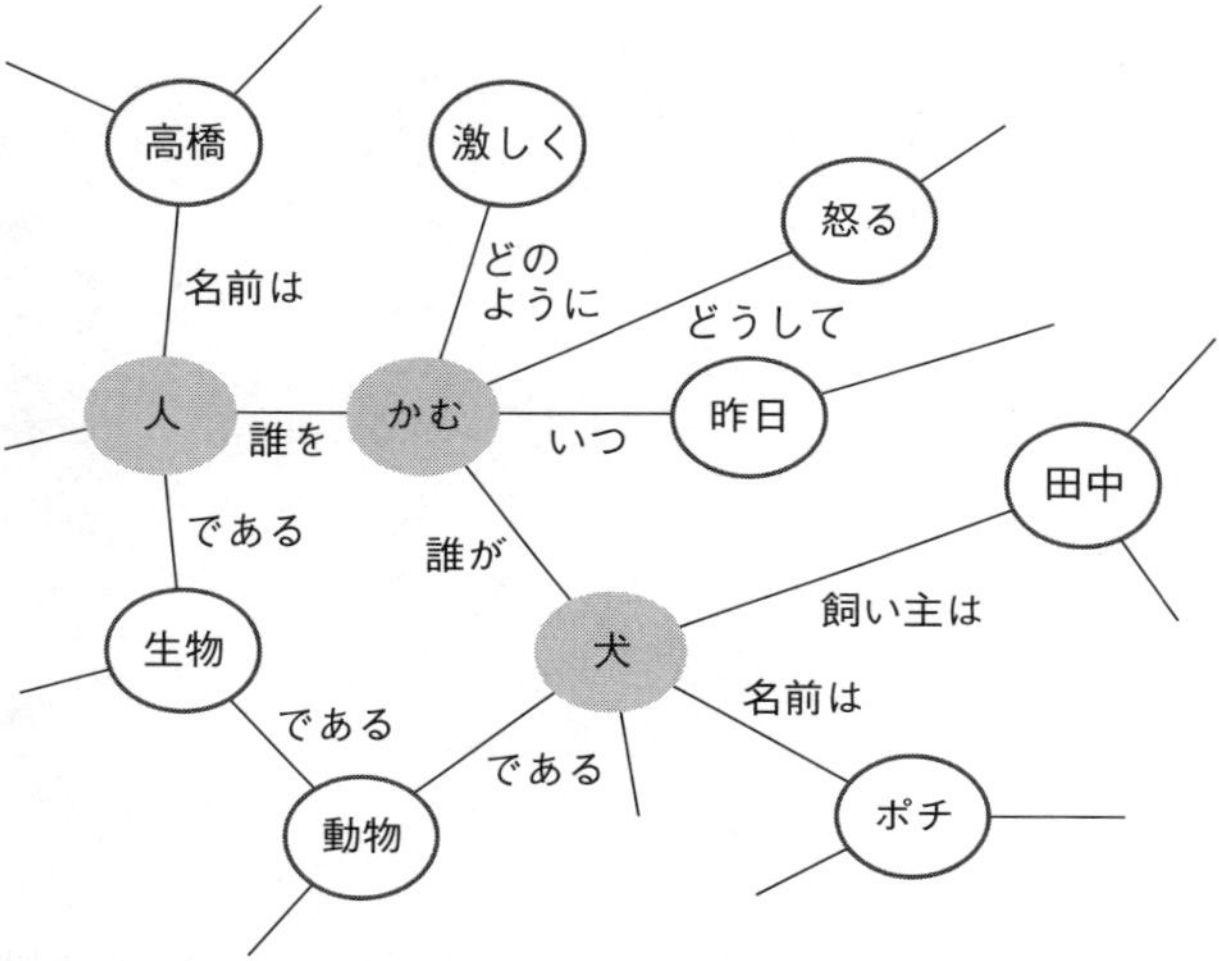

図5-1 **「犬が人をかむ」についての頭の中の知識の表現例**

調節するくらいでは、わからない。そこで、「これは一体どうしたんだ。もっと知りたい」となる。

　これくらいになると、調節に関連する知識の単位がかなり大きくなる。どれくらいかを図式的に示してみると、図5―1のようになる。これは、長期記憶の知識を形式的に表現する一つの手法である意味ネットワーク表現と呼ばれているものを下敷きにして作ってみたものである。丸で囲んだものをノード、ノードとノードをつなぐ線をリンクという。たった一つの文章でも、これほどの（これでも省略してある）知識が関係していることに注意してほしい。こうした知識のすべてが、入力された情報とうまく照合できれば、わかったということになる。

「人が犬をかんだ」は、人、犬、かむという個々の要素は照合できるが、「誰が」「誰を」のリンクのところが、逆転してしまっているので、知識全体がうまく照合できないのである。この部分を何とかしないと、おさまりがつかない。

このおさまりがつかない状態を、認知的に不協和な状態と呼ぶ。主観的には気持ちがすっきりしない状態である。これが知的好奇心へ駆り立てる元になっている。

知的好奇心を相手に起こすような表現が、表現の開始時点では、とりわけ大事となる。その具体的な工夫について、次節でふれる。

２節　わかりたいと思わせる工夫

情緒に訴える

わかるという知的な世界も、気持ちが悪い、気持ちがよいといった情緒的なものと深く関連していることは、前節で述べた。わからせる工夫の一つとして、これを利用しない手はない。

至るところにあるコマーシャル・フィルム、コマーシャル・ソング、カタログ、宣伝チラシを見ると、ともかく買いたい、見たいという気持ちを起こさせて、あわよくば、そのまま行為に走らせてしまおうとの細工に満ち満ちている。わずかなスペース、十数秒のごく短時間のうちに、それを成し遂げようというのだから、考えてみれば大変なことをしているわけである。

そのような細工のいくつかを思いつくままにあげてみる。

・有名人を使う。あの人が使っているなら自分も、という気持ちにさせる。

・何かわからないが、新しいもの、めずらしいものらしいと思わせる。今あるものを古いと思わせて買い替えさせてしまう。

・イメージに訴える。ボンヤリと「あの会社のものなら」くらいで行為に走ってくれれば、しめたもの。

・情緒に直接訴える。知性によるチェックを情緒的な共感によって麻痺させてしまう。

いずれも、およそ知的ではない。むしろ、知的な情報処理の結果の出来不出来を直観的にチェックする情報システムの機能を麻痺させてしまおうとの魂胆さえある。「わかった↓気持ちがよい」ではなく「気持ちがよい↓わかった」になっていると言ってもよい。

こんなわからせ方を、普通の場面でどしどし使ってみるように進めるわけにはいかないところもある。しかし、相手と面と向かって話す講義や会話あたりでは、これに似た効果をねらった細工を、実は意識せずに我々はしているのである。

・自分がいかに有名で重要な人物か、あるいは有名な人や組織と親しいかをほのめかす

・専門用語、カタカナ語、隠語をちりばめて、すごいことをしているかのようにする
・身だしなみや言葉使いに気をつける、手振り身振りを入れる
・悲しい話、ユーモア（あふれる話）やおかしい話をして、泣かせたり笑わせたりする

などなどがそれである。

いずれも、実質的な情報内容の伝達には、それほど関係しない。相手を巻き込むためのいわば潤滑油のような役割しか果たさない。意図的に使ったとしても、それをあとの話に関連させたり、本筋の方にきちんと戻すような処理をうまくやらないと、時には相手の反発や不信を招く危険性がある。

しかし、ほんのちょっぴり、こうした細工を入れて受け手の反応をうかがうくらいの慎重さと気配りを忘れないなら、あなたが本当に言いたいことをわかってもらう舞台装置に彩りをそえることになるはずである。絶対に過剰に使ったり、長々とやってはならない。

知的好奇心をわかせる

知的好奇心の発生と人間の情報処理との関係については、すでに述べた。ここでは、それを喚起する具体的な方策のいくつかを述べてみる。

知的好奇心の喚起は、入力された情報の同化・調節に、どれくらいの、またどのような知識が

使われるかに深く関係する。
まず、「どれくらい」の方から考えてみる。
はっきりしていることは、既有の知識でまったく処理できない状態では、好奇心もわきようがないし、また、完全に同化できてしまう状態でも、知っていることを教えられたのだから、当たり前ということになり、好奇心なぞ無縁である。同化・調節のできない情報が「適度に」処理系の中に残されるときに、好奇心はわいてくる。この「適度に」がむずかしい。人によっても、また、同じ人でも状況によって「適度」が異なるからである。この適度を超えてしまうと、受け手は、わからないことに対する不安を抱くようにさえなってしまう。
ちなみに、人間は、不安を感じると次の4つのタイプの反応のいずれかをするようである。
・攻撃――不安の発生因となっているものを攻撃す

る。

・状況志向――不安を発生している状況の中にその原因を探ろうとする。
・方略志向――自分の頭の方がおかしいのではと考え込んでしまう。
・逃避――不安を発生させている状況から逃げてしまう。

さて、適度の好奇心をわかせるためにどうするか。相手が目の前にいるなら、このような工夫をするとよい。

工夫５-１　相手の反応を確かめつつ話す

たとえば、「～知っていますか」「～についてどう思いますか」「わかりますか」などなど。随所で、とりわけ最初はくどいくらいに、こうした確認を入れるようにすれば、どのあたりが「適度」かの感触をつかめる。それによって、情報の提示をコントロールすればよい。

何かを説明したり指示する文章を書く場合などが困る。目の前にいない読み手の知識レベルと知識内容の見当をつけるのがむずかしいからである。むずかしくとも、しかし執拗に読み手の頭の中の知識に思いをはせることは大事である。これは、わかってもらう表現の基本である。この基本を踏まえた上で、次の２つの工夫をする。

工夫5－2　最初の部分では、専門用語やカタカナ語はできるだけ使わない

工夫5－3　最初の部分では、冗長性を持たせた表現を心がける

いずれも、既有知識との照合ができる情報をできるだけ増やすための工夫であることはおわかりだと思う。最初の方でどうしても専門用語やむずかしい表現を使わざるをえないようなときには、脚注や（　）内に説明を加えたりするのが望ましい。

専門用語や隠語（ある限られたグループの中だけでしか通用しない用語）は、使い慣れてしまうとそれがごく普通に使われていると錯覚してしまう。筆者も最近、こんなことばに出くわして面くらってしまったことがある。「ＯＪＴ、チョッキ、トリセツ、30分ヘッド」。「それは何ですか」と聞くと、相手がけげんな表情をするところが憎らしい。ＯＪＴはOn the Job Training（仕事をさせながら訓練すること）、チョッキ（直帰）は出先から直接帰宅すること、トリセツ（取説）は取扱説明書、30分ヘッドは、毎時0分、30分ごとに出発する、の意だそうである。

事例5－2　書くときも、相手のことを考えて

次の文章は、筆者に原稿を依頼してきた文面の中に見つけたものである。読者層がきちんと決められており、書く方からすると助かる。ものを書くときにも、こうした配慮が、常にできなければならない。

「この講座は、機械技術者を対象にした入門の解説記事です。したがって、先端的なトピックスではなく、基本的な事項を取り上げ、できるだけ平易に解説してください。……対象とする読者のイメージは、大学の教養課程を修了した工学部の学生と同じ基礎知識を持つ技術者とします」

事例５－３　同じ内容でもこれだけ違った表現ができる

次のａとｂの文章を、『工夫５─２』と『工夫５─３』を考えながら読んでほしい。

ａ「用語には、使用頻度の高いものから低いものまであります。低頻度用語には、熟知感は惹起されません」

ｂ「ことばには、非常によく使われるものから、あまり使われないものまであります。あまり使われないことばに対しては親しみはわきません」

次に「どのような」知識が使われるか、という観点から知的好奇心の喚起について考えてみる。

「人が犬をかんだ」は、文章全体の意味が、これまで頭の中に蓄積されてきた常識的な知識と矛盾している。この矛盾、つまり認知的不協和が知的好奇心の喚起につながることは、すでに述べた。

認知的不協和を引き起こすには、このように常識的な知識と矛盾するものを提示することが、基本となる。言っていることはわかるのだが、一つだけ、それも大事なところがおかしいと思われるくらいの素材が提供できるとよい。論理展開の常識に矛盾するものでもよい。因果律の常識や、よく知られた法則に反するものでもよい。そこで、次のような工夫が出てくる。

工夫5-4　導入部では、アレッ、どうしたんだろう、と思わせる素材を用意する

じっくり考えないとアレッと思わないような素材はダメである。また、すぐに答えやからくりを教えてアレッを解消させてしまうのも、もったいない。ちょっとした実験や絵、実例、クイズ形式の質問など、わかってもらいたいことに関連した知識ができるだけたくさん動員されるようなものが望ましい。むずかしいが、常日頃からそうした素材をストックしておくように心がけると、結構集まるものである。

問5-1　技術文章と文学的文章の違いは何か。　解答は章末

a「HIP焼結は合金粉末に高温・高圧をかけるので、欠陥のない緻密な焼結体ができる」

b「彼の身体には新しく後《あと》に見捨てた遠い国の臭《におい》がまだ付着していた。彼はそれを忌んだ」（夏目漱石『道草』より）

aはかちかちの技術文章、bは大文豪の一節。これだけでも、実にいろいろのことを考えさせられるはずである。

わかることの利益をはっきり

知的好奇心に直接は関係しないが、あと2つほど、わかりたいと思わせる工夫に関連して、どうしても考えてほしいことがある。

知的好奇心は、まぎれもなく動機づけである。つまり、人間を行為に駆り立てる一つの力である。

動機づけには、一般に3つの役割があるとされている。第1の役割は、行為を開始させる役割である。ともかく勉強してみよう、ともかくわかるように努力してみようという気持ちを起こさせ、行為につなげるわけである。

第2の役割は、行為を一定の方向に向けることである。空腹になれば、食物のある方へ近づく行為をする。わかりたいとの気持ちは、情報のあるところへ導く。

第3の役割は、ある行為が目的にふさわしいものをもたらしたかどうかを評価することである。空腹のときに食物のある方向へからだを動かせば、それが食物へ導くことを知らせてやるのも、動機づけの役割の一つである。

知的好奇心も、ただそれを喚起させるだけではどうにもならない。それを満足させるには、何をすればよいのか、それが正しいのかまちがっているのかをはっきりと示してやらなければならない。

そのための工夫の一つが、わかることの利益をはっきりと教えることである。こんなによいこと、すばらしいことがあります、ということをはっきりと示せば、何をやればよいのか、そしてそれは利益を得るのにふさわしいのかがわかってもらえる。それは、おのずと動機づけ機能を高めることになる。

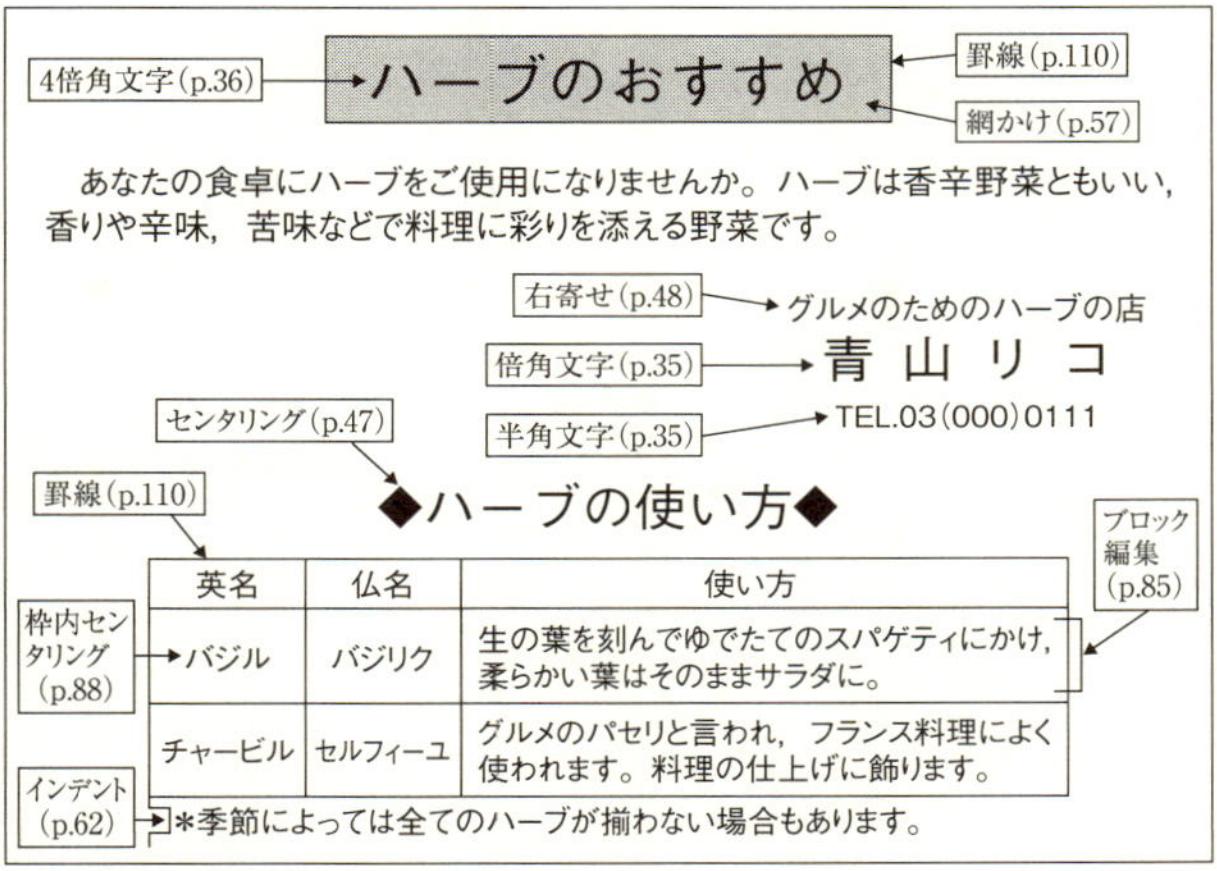

図5-2　パソコンソフトのマニュアル例

事例5-4　こんなこともできます

上に示すのはあるマニュアルに掲載されていたものである。ユーザーは、この出来上がり例を見ることによって、このパソコンソフトで何ができるのかがわかり、それならがんばって使いこなしてみようかという気になる。

わかりそうと思わせる

相手にわかってもらおうとこちらがどんなに力んでも、相手の方でわかろうとする意欲がとんとない事態が、表現する側からすると一番つらい。大学での講義などで、しばしば、こうした事態が発生してしまう。お互いに無益な時間の浪費をしてしまうのだから、もったいない話である。だからといって、やめてしまうわけにはいかない。かくして、秘術をつくしての格闘が始まることになる。

その秘術の数々はさておくとして、「わからないからやめた」というのだけは、なんとか防ぎたい。そこを越えれば、知的好奇心もわいてくる可能性が高まるからである。さて、どうするか。

工夫5-5　イメージに訴える

講義であれば動画やスライドなど、書くときであればイラストや写真、図を使う。こうした映像情報は、頭の中ではイメージとして処理される。イメージにかかわる情報処理の特徴は、短い時間で直観的に全体がつかめるところにある。これは、わかりそうだ、わかったという感触を与えることにつながる。これを利用しない手はない。表現全体の格調を落とすとして嫌うむきもあるが、時と場合によっては、そうとばかりも言ってられない。

工夫5-6　からだを動かす

からだを動かすことは、物事を知るのに思いのほか有益のようである。

機械操作を教えるマニュアルなら、ともかくスイッチを入れさせてみる。新しい単元への導入のところでちょっとした実験を自分で体験させてみるなどなど。これによって、積極的に表現の場の中に相手を引き込み、みずからのしたことをみずからで確認しながらわかってもらえる。

手足を動かすことによって取り込まれる情報は、きわめて豊富である。からだ全体の感覚器官、とりわけ、運動感覚器を通じて取り込まれる情報は貴重である。しかも、自分が現在持っている知識の範囲をあまり越えない、身の丈に合った、適度の量と質の情報を取り込める。

豊富な情報が取り込めれば、記憶されている知識との照合も起こりやすくなる。かくして、次の工夫が出てくる。

工夫5-7　少しずつむずかしくしていく

表現全体が、やさしさだけがとりえ、ということになってしまうのでは、あまり知的とは言えない。ことばを換えて言えば、同化ばかりでは少しもためにならない。すぐにあきられてしまう。同化と調節とのほどよいバランス、しかも、そのバランス点が次第に高くなっていくように表現が進行していくのが望ましい。そのための工夫がこれである。最初は、普通のことばを使い、冗長性を持たせた表現をする。相手の長期記憶の中に情報を取り込む新しい枠組みができあがってきた頃をみはからって、専門用語を使う。それによって、ばらばらであった知識のいくつかの単位が一つにまとまり、記憶のスペースも節約でき、処理の効率もあがる。

工夫5-8　何かをしたらすぐにその結果を知らせる

子供がゲームに夢中になるようなことが社会風俗になって、すでに久しい。何が子供を、ときには大人をもそれほどとらえているのか。その一つに、この工夫があるように思う。

人は誰でも、自分が何かをしたら、その結果がどうなったかを知りたいと思う。結果が目の前にあらわれれば、しかも、すぐにあらわれれば（即時強化されれば）、これほど気持ちのよいことはない。ゲームでは、こうした状況が操作と画面変化との間に作られている。子供が夢中になるはずである。こうした工夫を、もっと教育の現場で活用したらどうかと時折思う。

解答

問5-1　ａはどの用語もきちんと「技術」と対応していて、関連する知識を持った人には、きちんとわかる。ｂのような文学的文章は、読み手の想念を刺激し、そのわかり方は一様ではない。「新しく」の位置がとりわけ気になる。

COLUMN

「知的好奇心」

知りたい、でも無理

新生児。泣いてばかりの時期から1ヵ月もしないうちに、もう目がきょろきょろ。何を見ているのだろうか、そもそも見えているのだろうか。

最近、新生児の能力についての研究が盛んになってきた。そしてわかったことは、新生児が驚くほど賢いということだ。

たとえば、因果認識。物がぶつかると（原因）、ぶつかられた方が動く（結果）。新生児にこの場面を見せる。そして、もう一つ、ぶつかる前に、ひとりでに物が動いてしまう場面も見せる。どっちの方をよく見るかを目の動きを観察して調べる。結果は、物がひとりでに動きだす方をよく見る。

ということは、ぶつかられると動く（因果）は当たり前で見るまでもない、でも、物がひとりでに動くのはおかしい、なぜだ？　という知的好奇心が働いているかららしいというのである。もっとすごいのは、物ではなく人だと、ひとりでに動いても、あまり見ないのだそうだ（この研究は、京都大学・藤田和生先生が、サルとの比較で行ったもの）。

この新生児の旺盛な知的好奇心。新生児期を人類の誕生期になぞらえると、人類の進化の源泉だったようにさえ思える。だから、知的好奇心を失ったら、もうそれは人としての存在価値もなくなることに等しいと言ってもよいかもしれない。

「なぜ、なぜ」が出発点

自分の頭の中の知識によってはうまく解釈できないことが目の前にあらわれたときに、「あれ？　なぜ？」となる。知的好奇心の発生である。

これにも2通りある。

一つは、頭の中にあまり知識がないときの知的好奇心の発生である。新生児の知的好奇心のようなケースである。

大人でも、初めての外国旅行では、それまで持っていた知識では追いつかない現実に直面するので、四六時中「あれ？　あれ？　なぜ？　なぜ？」となる。これが外国旅行の醍醐味の一つ。

もう一つは、逆に、現実は変わらなくとも、知識の方が豊かになるにつれて、現実が前とは違って見えてくることによる知的好奇心の発揮である。こちらが真正の知的好奇心になる。勉強すればするほど、知れば知るほど知的好奇心がわいてくるというケースである。多くは、テーマの深掘りにつながる。研究者の研究心やオタク心を支えているものである。

2つの好奇心

好奇心は、なぜ？　という疑問から出発するが、そのおもむく先は、その人次第である。人に聞いてあっさりそれで終わりという人もいる。あれこれと質問ばかりする幼児がこの例。いわば、拡散型好奇心である。

あるいは、一つの疑問を執拗に追求する人もいる。研究者やマニアがだいたいこれである。いわば、追求型好奇心である。

両方の好奇心がバランスよく発揮されている状態が一番だが、バランスのとり方が微妙に難しい。

拡散型好奇心におぼれてしまうと、えてして、単なる物知りに終わってしまう。

結局、あれこれに知的好奇心の網を張っておいて、「ここぞというテーマには、深掘りしてみる」の繰り返しをしながら知的好奇心を保つのが、無理のない知的生活の習慣であろう。

第6章 相手の知識の世界に配慮する

人は誰でも、その場その場で、自分なりに意味のある世界を作り上げて、それに従って生きている。その世界をメンタルモデルと呼ぶ。わかりやすい表現をするには、相手のメンタルモデルの特性に十分な配慮をしなければならない。

1節 人は誰でも自分なりの世界を持つ 155

メンタルモデル——頭の中に作る自分の世界／メンタルモデルとは

2節 メンタルモデルがもたらすもの 161

情報を処理しやすくする／人を誤らせる

3節 メンタルモデルに配慮したわかりやすい表現 168

相手のメンタルモデルを徹底して考える／相手の知識が少ないとき／相手のメンタルモデルの質に配慮する／たとえを使う／意味を先に／題目語（文）は前に／概要を先に／今、何をしているのかをはっきり

コラム ステレオタイプ思考

1節　人は誰でも自分なりの世界を持つ

メンタルモデル――頭の中に作る自分の世界

我々は、自分の身のまわりの環境について、一定のまとまりのある認識を持ち、それに基づいて環境に働きかけている。机があり、パソコンがあり、本箱があり、……という認識ではなく、「机の上にパソコンがあり、机の左側に本箱がある、……」という具合に、あるまとまりをもった世界、別の言い方をするなら、部分と部分との間に関係のついている世界を自分の頭の中に作り上げる。そのような一貫した認識があるからこそ、本を取るときは左手をのばし、パソコンを使うときは机の前に座るという行為がスムーズにできる。

文化や生活習慣がまったく異なる外国へ行ったときのように、きわめて目新しい場面に直面したときや、瞬間的に強いストレスにさらされたりして自分の情報処理系が何らかの理由でうまく働かなくなってしまったときなどには、ばらばらな認識が発生する。そして「何が何やらわからない」「何をどうしていいかわからない」となる。

人間は、普通、自分の身のまわりについて、それなりのまとまりをもった認識をしている。時には、あまり適切でなかったり、誤っていたりすることがあっても、である。この認識を成立させているのがメンタルモデルである。

メンタルモデルとは、日本語にすれば、心のモデルである。人が、心の中に作り上げる世の中についての仮説と言ってもいい。それは、今、目の前に見える世界についてのモデルであることも、見たことも触れたこともない世界についてのモデルであることもある。この世で出くわす、ありとあらゆることについて、それぞれメンタルモデルは作り出されていると言ってよい。

事例6-1　こんなこともメンタルモデルのなせるわざ

アメリカの辺地の子どもに引き算をさせようとした。

「10セントで、6セントのあめ玉を買ったら、残りは?」——「ぼくは、10セントを持っていないけれど、もし持っていたとしても、あめ玉を買わないよ。あめ玉はママが作ってくれるから」

「10人のうち6人がはしかで欠席しました。何人出席したでしょうか」——「だれも出席しません。はしかになるのが怖いからです」（滝沢武久『子どもの思考力』〈岩波新書〉より）

メンタルモデルは、まさにこんな形で現実とかかわるのである。注意してほしいのは、引き算をするときには、このモデルは（大人の目から見たら）不都合であっても、この子供たちが毎日生活をしている現実の中では、彼らの持つメンタルモデルは見事に適応的なことである。なお、教育とは、しばしば現実に密着したモデルを捨てさせて、多くの人に共通するもっと抽象化されたモデルを構築させる方向に力を及ぼす面が強い。この力が過度になると、具体的な現実とかかわることのできないモデルばかりが頭の中を占領してしまい、適応的な生き方ができなくなる恐れがある。体験教育の大事さに、今一度思いをはせるべきところであろう。

メンタルモデルとは

さて、こうしたメンタルモデルには、次のような特徴がある。

⑴恣意的である。

モデルはこうでなければならないということがない。長期記憶にある既有知識の中から、当面する世界と対処するのに使えそうなものを見つけて、「勝手に」一つのミニチュア世界のモデルを作る。したがって、同じ文字入力についてのメンタルモデルでも、手書きの経験しかない山田さんと、パソコン入力を得意とする高橋さんとでは、まったく異なるモデルを作り上げることの方が、むしろ普通である。

(2)一貫している。

恣意的ではあっても、一度作り上げたモデルは、そのモデルの中では一貫した知識の構造を持っている。ただし、この「一貫した」は、科学者が作り上げるモデルのように論理的に一貫しているという意味ではない。同じ状況に対しては、いつも同じモデルを使うとか、ほぼ同じ行動を導くとかといった意味で、一貫しているということである。この一貫性を支えているのは、個人的な体験である。状況との体験的なかかわりを通して、メンタルモデルは作り出される。したがって、知識要素間の関係を特徴づけるのは、論理的な関係よりも、むしろ「あれをしたらこれが起こった」(因果関係)、「あれとこれとはよく一緒に起こった」(相関関係)などが中核となる。

(3)世の中の状況との対応は完全ではない。

科学的なモデルであっても、その対象となっている世界との対応は「完全なもの」ではありえない。だからこそ、いろいろなモデルが作られる。ましてや、一人一人の心の中に「勝手に」作られるメンタルモデルでは、他人から見れば、あるいは、科学的なモデルから見れば、およそ現実的でない、ということがあっても不思議ではない。ただ、その人にとっては、その対象となっている状況とかかわるのには、当座のところ不都合はない。だからこそ、一貫してその人はしつこくそのモデルを持ち続けているのである。

⑷状況に応じて変わる。

メンタルモデルは、非常に抽象的な場合もあるし、具体的な場合もある。また、粗い場合も、精緻な場合もある。状況についての知識の量と質に応じて、メンタルモデルは自在にそのレベルや内容を変える。一般には、状況についての知識が貧弱なときはマクロなメンタルモデル、豊富なときはミクロなメンタルモデルが構築されるようである。たとえば、コンピュータのふるまいを初めて見た人は、何か生き物が箱の中に入っているようなモデルを作るかもしれない。これに対してコンピュータに習熟している人は、「どのキーを押すと何が起こる」といった細かいレベルのモデルを作って、コンピュータに対処するようなことになりがちである。

⑸試行錯誤的に状況とかかわらせる。

こうした特徴を持つメンタルモデルに従って状況とかかわっていけば、あるところまでいけば、当然のこととして、いつもうまくいくということにはならない。エラーをもたらすことになる。エラーをしながら現実の世界からのフィードバックを受けて、モデルは変更されていく。その変更は、おおむね、突発的で必然性がない。

事例６－２　オールドタイマーがIT世界との交流に使うメンタルモデル

もはや最近の電子機器のユーザーとしてはオールドタイマー（時代遅れの人）になってしまった。それでも、世の中からは取り残されたくない。たとえば、メールシステム。そこでわかったふりをするのに使っているメンタルモデルが、手紙モデルと会話モデルである。だいたいこれで不都合ないのだが、手紙モデルだと、電子メールがあまりに無礼に思えたり、会話モデルだとなんとなく物足りないなぁとも思うことがある。

なぜ、このような「危なっかしい」ものを人は持つのであろうか。

人はわけのわからない状況に直面すると不安を持つ。その不安に対処するのに、攻撃したり、逃げたり、自分の頭の働きの悪さを責めたり、状況をもう一度よく調べなおしたり、という方策をとる。このうち、状況志向の方略を採用すると、認知的不協和がもたらす気持ち悪さをなくそうと、ともかくその事態を自分なりに「わかる」事態にしてしまうということになりがちである。つまり、勝手に「それはこうだ」というモデルを作って、ひとまず安心したいと考えがちである。これが、メンタルモデルを持つ理由である。

2節 メンタルモデルがもたらすもの

情報を処理しやすくする

仮説、モデル、理論、いずれも世の中で起こったことを説明し、世の中でこれから起こるであろうことを予測するのに役立つ。科学は、これを大々的、組織的にやろうという人間の営みである。メンタルモデルは、これを一人の人の頭の中で、自分の身の丈に合った世界を相手に、細々とやろうとするようなものである。その意味では、人は誰でもそれなりに科学者なのである。

メンタルモデルに限らず、科学的なモデルでも、モデルによって説明したり予測をするときは、一体、どのような情報処理が処理系の中で起こっているのであろうか。

モデルは、長期記憶の中に作られた「一貫した」知識のまとまりである。まとまりを作り上げているものは、知識を構成している要素の間のさまざまな関係である。科学的なモデルの場合は、この関係は、もっぱら演繹論理、帰納論理によって生成されたものである。メンタルモデルの場合は、知識のまとまりをつけている関係が実に多彩で、しかも、それが時には一般性のないことさえあるところに一つの大きな特徴がある。

たとえば、あることとあることとが同時に起こったから、あることとあることとの間には関係があると考える。山の頂上に雲がかかっていたときに地震が発生した、試験に失敗したときに強風が吹いていた、テレビドラマを見ていると訪問販売の人が来たなどなど、たまたま同時に起こった2つのことを、あたかも因果関係があるかのように関連づけてしまう。

あるいは、こんなこともある。「眼鏡、テレビ、椅子、新聞、コーヒー」。一見すると何の関係もないものが、筆者のメンタルモデルの中では、一つのまとまったカテゴリーを形成している。なぜかというと、すべて朝の連続ドラマを見るときのお膳立てに必要なものだからである。目的や状況に応じたこのようなカテゴリー分けをアドホック・カテゴリーと言うが、これなども、メンタルモデルの中で大事な関係を作り上げている。

それはさておくとして、モデルを持つことは、情報処理の上でどのような意味があるのだろうか。

第4章2節で、「わかる」とは、入力された情報が長期記憶内の知識と同化・調節されることであると述べた。モデルは、この照合のためのまとまった知識を準備する。「まとまった」とは、単に知識量が多いだけでなく、それぞれの知識の間に何らかの関係がついていることも意味している。これによって、知識のある要素が照合されると、それに関係した別の要素も次々と活性化され、あたかもモデル全体が実際に照合されたかのような状態になる。これが、わかったという主観的な感覚につながっていることは、すでに述べた。

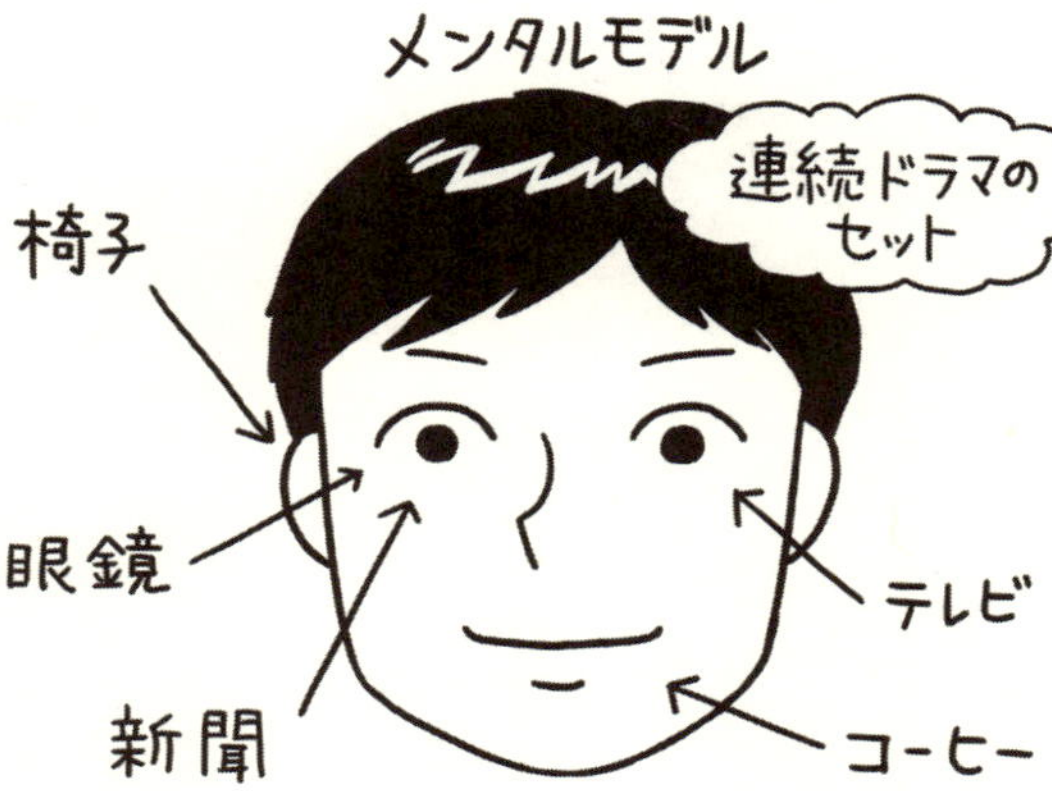

知識がこのように活性化させられると、予測が発生する。今度は、こんなことが起こるはずとの予測をするようになる。知識のある部分が、それに関係する情報の入力を待つ状態になる。そして、予測に従った情報収集の行動を起こし、準備されていた知識の部分とうまく照合される情報が入ってくると、思っていた通り、ということになる。

予測を発生させるのは、活性化の程度が弱い部分、あるいはいくつかの照合済みの知識要素との関係から当然存在するはずの知識要素にかかわる部分、さらに、それまではモデルの中には入っていなかった新しい要素などである。これは、モデルを一層強固なものにするための自然の活動である。

モデルに基づいた予測は、いわば、車のエンジンをかけたままにしておいて（アイドリングしておいて）いつでも発進できるようにするようなものである。処理系全体の活動を、予測の確認のために総動員する。短期記憶も、予測の確認に関係する情報のみを処理するようになる。したがって、処理の効率もあがる。ただ、そのために、予測の確認とは関係しないが、しかし大事な情報を見逃したり、誤って解釈してしまったりといった、エラーを引き起こす危険性も高くなるのは致しかたない。

問6-1　ご存じの10回クイズで遊ぶ

解答は章末

a 「『ピザ』ということばを10回言って下さい。ハイ始めて下さい」（10回言い終わったら）「腕を曲げるときに使う関節は何かを言って下さい」

b 「『せん抜き』ということばを10回言って下さい。ハイ始めて下さい」（10回言い終わったら）「缶ジュースを開けるものは何かを言って下さい」

c 「『キッチン』ということばを10回言って下さい。ハイ始めて下さい」（10回言い終わったら）「鳥は英語で何というかを言って下さい」

d 「『シカ』ということばを10回言って下さい。ハイ始めて下さい」（10回言い終わったら）「サンタクロースが乗っているのは何かを言って下さい」

このクイズがはやったことがある。クイズの仕組みを知っていても、ひっかかってしまうところがおもしろい。

ところで、なぜ、ひっかかってしまうのであろうか。

考案した人が知っていたかどうか、これは、認知心理学の中で研究されているプライミング現象に他ならない。時間的に前にしたことが、あとに続く処理に影響する現象のことである。10回、口で繰り返しているうちに、それに関係する知識要素が強く活性化されてしまい、しかも、問いがその活性化された知識要素に関係しているので、つい予測に頼った答えをしてしまい、結果としてうっかり誤ってしまう。

人を誤らせる

誤解、思い違い、勘違い、思い込み、……、人の誤りを表現することばには事欠かない。そのすべてが、メンタルモデルのなせるわざとまでは言わないが、メンタルモデルは、しばしば、人を誤らせる。10回クイズのようにたわいのない誤りもあるし、大事故、大災害につながる誤りも、メンタルモデルがかかわっていることが多い。

たとえば、見過ごしてしまう誤りが起こるのは、メンタルモデルに限らず、およそモデルというものが、現実のある限られた部分にしか目を向けさせないようになっているからである。また、思い違いが起こるのは、「思い」、つまりモデルとは違う現実が目の前にあるのにもかかわらず、現実の一部がモデルと照合できたために、現実全体がそのモデルで解釈できると思い込んでしまうためである。

繰り返すが、恣意的で、現実との対応も完全ではないのが、メンタルモデルの特徴である。誤りは不可避的に起こる。あるいは、誤らないまでも、メンタルモデルと整合しない情報が入力されると、メンタルモデルと認知的に葛藤を起こして、処理に時間がかかったりする。図6―1にそんな例のいくつかをあげてみた。

しかし、よく考えてみると、情報処理の効率があがることと、誤りをおかすこととの間には密接な関係がある。誤らないためには、メンタルモデルの適用を慎重にして、ゆっくり時間をかければよい。たくさんのことを速く、一気にやろうとすれば、当然、メンタルモデルに頼らざるを得なくなって、誤りが発生しやすくなる。このように、一方を立てると他方が立たずの関係を、トレード・オフ（trade-off）の関係と言う。どちらをとるか、どこで折り合いをつけるかは、その人の性格的なもの、現実の重要度などによって決まるようである。

a）開けるにはどっちを押せばいいの？

（開ける）　（閉める）

b）どっちに逃げれば助かる？

c）数字の大きい方が字体も大きいかと思いきや？

3号　海保
2号　海保
1号　海保

9ポ　講談社
12ポ　講談社
20ポ　講談社

d）次の引き算の答えはいくつ？

図6-1　認知的葛藤を引き起こす例

a）2本の縦棒が閉まっている状態表示なのに、矢印だけで「開ける」「閉める」を指示しているので、戸惑う。なお、矢印には「指し示す」「動きを示す」「流れを示す」など多彩なので、混同されないようにする必要がある。このアイコンの矢印は、動きを示す矢印だから無理がある。

b）人は左側への動き（避難）をあらわし、矢印は右側への動きを指示しているので、葛藤を起こす。

c）数字の大きさ表示と活字の大きさとが逆対応になっている。

d）イメージ表現の理解には、全体と部分とが微妙に連携して成立している。

3節　メンタルモデルに配慮したわかりやすい表現

相手のメンタルモデルを徹底して考える

相手のことを考えて、「話す、書く」は当たり前。何を今さら改めて、ということになりそうである。この当たり前のことが、実はむずかしい。

5歳の子供を相手に何かを伝えたい、毎日顔を合わせている母親と話す、同じ専門の研究者に自分の考えを論文にして伝えるというのなら、相手がどのようなメンタルモデルを持っているかはだいたい見当がつく。それなりのコミュニケーションの仕方がわかる。

これが、読み手が誰になるかよくわからない新書本を書く、多彩なユーザー相手に商品の説明書を書く、ＰＴＡ総会で講演する、いろいろな専攻の学生相手に講義をするなどとなると、とたんに困る。困っても、むずかしくとも、しかし、相手にわかってもらうためには、何がなんでも、コミュニケーションの受け手のことを、いろいろの視点から考えなければならない。

相手が目の前にいるときには、相手の反応を確認しながら話ができる。もっともこんな簡単にできそうなことでも、たとえば、相手の人数の多い講義や講演では、よほど工夫をしないとむずかしい。「メンタルモデルということばを知っていますか」と、一番前の席に座っている聴衆の一人に、いきなり聞くわけにはいかないこともある。新しいことばが出てくるたびに、「知っている人は手をあげて下さい」と言うわけにはいかないことが多い。仮に相手のことがわかったとしても、一回きりの講演では、準備してきた話の筋や内容をとっさにそれに合わせて変えることもできない。不特定多数の読者を相手にするときには、絶望的にさえなる。

にもかかわらずとなると、さてどうするか。

平凡なことではあっても、やはりあらかじめ相手のこと、とくに相手のメンタルモデルに思いをはせることにつきる。少ない人数の、しかも気心の知れた相手だけを考えればいいケースはさておくとして（大事ではないということでは絶対にない。あとで述べるような工夫をすることになる）、たくさんの受け手を想定せざるをえないときには、次のような工夫が有効である。

工夫６－１　相手を分けておいてから、ターゲットを絞る

人間は一人一人違う。違ってはいても、あるいは違っているからこそ、その中に共通するものを見つけて、似たものどうしに分けてみたいと思うのであろう。そこには、複雑さをできるだけ減らして、情報処理の負担を軽くしたいとの思いが反映しているように思う。顔付きの類型、性格の類型など、すでにギリシャの時代から研究者の興味を引いてきた。

メンタルモデルが、いかに個人の恣意的なものであるとしても、まったく一人一人違っている

ということはない。長い年月にわたる教育を受けた結果として、あるいは共通の文化のもとで生活することを通して、ある共通のものの見方や考え方を身につけているはずである。

そこで、メンタルモデルを少ない数の類型に分けられないかを考えてみようというわけである。とは言っても、どんな状況にも、どんなときでも通用するような類型となると、かなり粗いものにならざるをえない。それでも、とりあえずは、よしとすることにして、少しメンタルモデルの類型について述べてみることにする。

相手の知識が少ないとき

まず、誰もがすぐに思いつくのは、メンタルモデルを構成している知識量の多少である。確かに、これはだいたい見当がつく。したがって、この視点から、相手のメンタルモデルに配慮することは誰でもできそうである。そこで、一つの工夫がある。

工夫6-2　門外漢には、説明の詳しさよりもわかりやすさを

詳しく説明することが、時と場合によっては、もっとも大事になることがある。新しい技術を説明する、法律を作る、契約書を書くなどなど、書くべきことを書いておかないと、問題が発生する。細心の注意を払って、細大もらさず詳しく説明しようとする。あとで、「そんなことは書

いてなかった」と言われて問題になることがないように意をつくす。そして、わかりにくい表現が発生する。これは、致しかたないところがあるのかもしれない。

しかし、考えてほしい。生命保険の契約書のあの細かい条項をすべて読め、読まない方がおかしい、というのなら、おそらく契約までに2～3ヵ月の遅れは確実に発生するはずである。一つ一つの法律の条文をすべての国民が完全に理解するまで審議を待たねばならないとしたら、今のような法律の書き方に国民の大多数が異議を唱えるはずである。多少の説明の粗さは許すとして、契約書、法律の基本精神、大事なところ、これまでと異なるところをやさしく解説してほしいというのが、門外漢の願いであろう。

技術とその操作の説明書であるマニュアルなどで

は、ことはもっと深刻である。どれほど技術の粋を集めた機械であっても、その説明がわからなければどうにもならないからである。買わせておいてあとは知らんぷりでは、無責任過ぎる。ユーザーが誤った操作をして事故でも起こせば、製造者責任を問われることもある。

説明には、「説明の詳しさ×説明のわかりやすさ＝一定」の法則があるとの指摘を前にしたことを思い出してほしい。わかりやすく説明しようとすると、多少は詳しさを犠牲にしなくてはならない。正確さをとるなら、わかりにくいのは我慢してもらうことになる。

どうしてもわかってもらいたいことは、解説篇を作り、その中で、詳細さや正確さよりも、知ってほしいことだけをわかりやすく表現する。そのために、次の方法がある。

工夫6-3 図やイラストを多用する

図やイラストといった視覚的な情報の提示は、全体を直観的にわからせる、大事なことを強調できる利点があるからである。

工夫6-4 大事なこと、当座の理解に必要なことだけを強調する

そして「もっと詳しく知りたい人は」として、文献や参考書を紹介したり、関連する条項を記載したページを示しておく。そんな努力をしてほしいものである。

事例6-3　IT機器のユーザーを類型化する

図6―2は、大学関係者284名に、「機械のことが好きか嫌いか」「機械に強い方か弱い方か」とたずねた結果に基づいて、IT機器のユーザーを類型化してみたものである。自分がいずれの類型に入るかを考えてほしい。こうした類型化から、たとえば、マニュアルを書くときに、人数的にほぼ半数を占めている「機械不信型」をさしあたり念頭に置いておけば、少なくとも「わかりにくい」との批判を受けることのないマニュアルを作ることができるであろう。

なお、このケースでは、縦軸に好き嫌いという感情的なものを取り入れているところにも注目してほしい。メンタルモデルには、こうした感情的な側面もついてまわる。だから人間的なモデルなのである。

相手のメンタルモデルの質に配慮する

「言うは易《やす》く行うは難《かた》し」が、これである。しかし、できないことはない。時と場合をよく考え

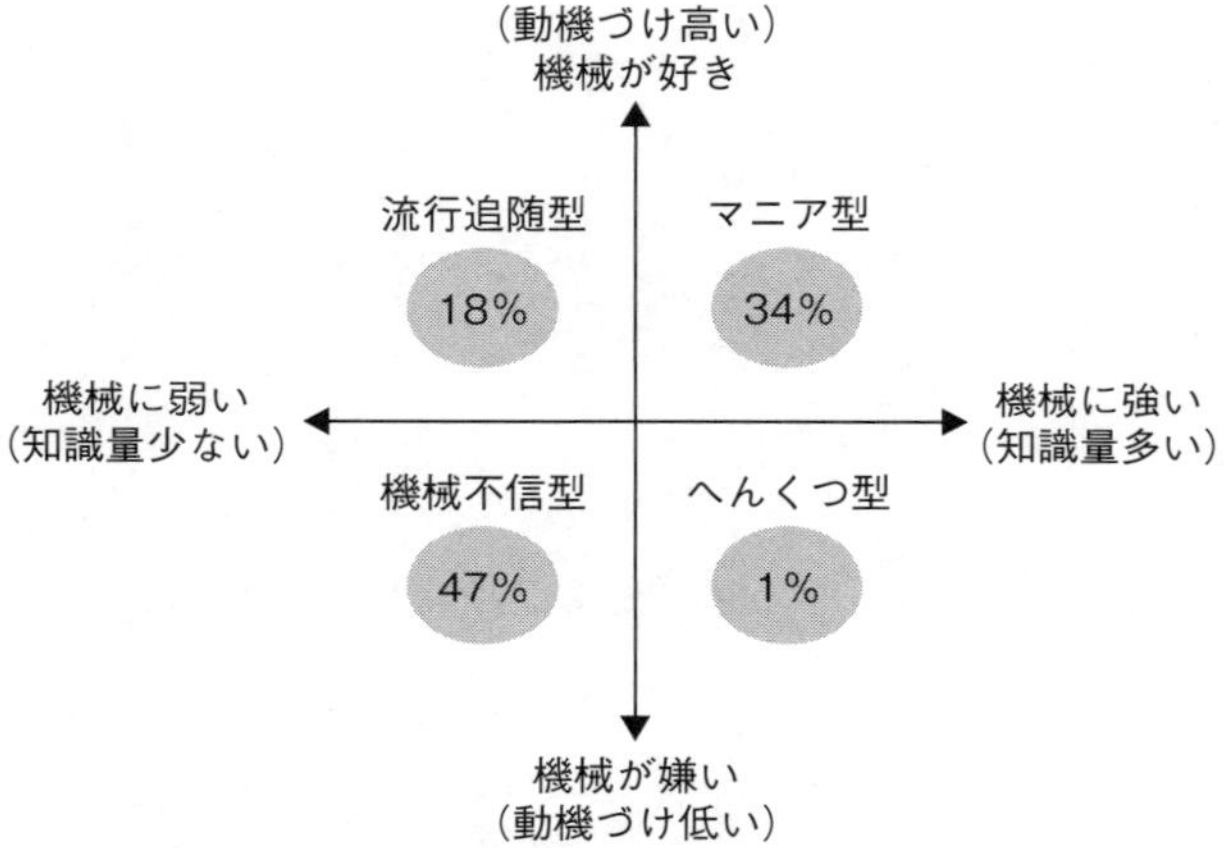

図6-2　ＩＴ機器ユーザーの類型
※数値は人数の割合。

て、執拗に相手のメンタルモデルに配慮する努力は、どんな表現事態でも忘れてはならない。

相手のメンタルモデルの質に配慮するときの基本的な視点として、ここでは2つあげておく。

その一つは、すでに持っているメンタルモデルの転移能力の高い・低いである。つまり、あるモデルを他の事態でのモデルとしても使える能力の高い・低いである。我々は、世の中で生きていくために膨大なことを学ばなければならない。知識とはそういうものであり、したがって教育のためのカリキュラムも、この膨大なことを教えるものでなくてはならないとする立場——実質陶冶《とうや》の立場と呼ばれる——もあることはあるが、人間の限られた学習能力を考えれば、それは現実的ではない。

どんな場面に出くわしても何とかやっていける核となる知識を身につけるのが、本筋であろう。この立場を形式陶冶という。実質陶冶と形式陶冶とは、教育内容（カリキュラム）の作成について相対立する。

形式陶冶の立場を支持するにしても、人によって、ある知識をほかの似た場面に適用することの上手下手があることは認めるはずである。これが転移能力に他ならない。

メンタルモデルについても、事情は同じである。電気製品ならある共通した特性がある。それに関するモデルを新しく購入した電子レンジを動かすのに使えるかどうかは、人によって違う。このあたりの見極めができるかどうかが、一つ大事となってくる。

もう一つは、新しいメンタルモデル形成の能力の高い・低いである。

メンタルモデルは、知識のまとまりである。知識の個々の要素がいくらたくさんあっても、メンタルモデルは形成されない。要素と要素との間に何らかの関係がつけられなければならない。人によって、この関係づけの上手下手がある。あるいは、論理的な関係づけは得意だが、因果的な関係づけはダメ、あるいは相関的な関係づけしかダメといったように、関係づけの型による得手不得手もある。このあたりは教育年齢や性別が関係してくるように思うが、それだけではなく、人にはわかり方の個性のようなところもあるので、むずかしい。

いずれにしても、こうした点を踏まえて、既存のメンタルモデルを転移させたり、新たにメンタルモデルを形成させるための表現上の工夫をこらしてみることが、わかりやすい表現につながる。次にその点を考えてみる。

たとえを使う

すでに持っている知識をうまく使って、新しい事態について適切なメンタルモデルを作らせることを考えてみる。そのためのもっとも手っとり早い方法が、たとえ（比喩）の利用である。

比喩にはいろいろある。よく知られたものは次の3つである。

・直喩——たとえば、「コンピュータは人間の脳のようなものだ」「彼は時計のような人だ」「かな漢字変換とは辞書を引くようなものだ」

・隠喩——たとえば、「パソコンは秘書だ」「タブレットはノートだ」

・提喩——たとえば、「一杯いこうか」「あの人は顔が広い」のように、一部分で全体をたとえるようなもの。

ことばは、すべて何らかの比喩であるとさえ言う人がいるくらい、比喩は我々の言語生活に深く入り込んでいる。ことばを使って人に何かを教えるときや、自分でわからないことに出くわしたときに、誰しも比喩をしばしば使っているはずである。

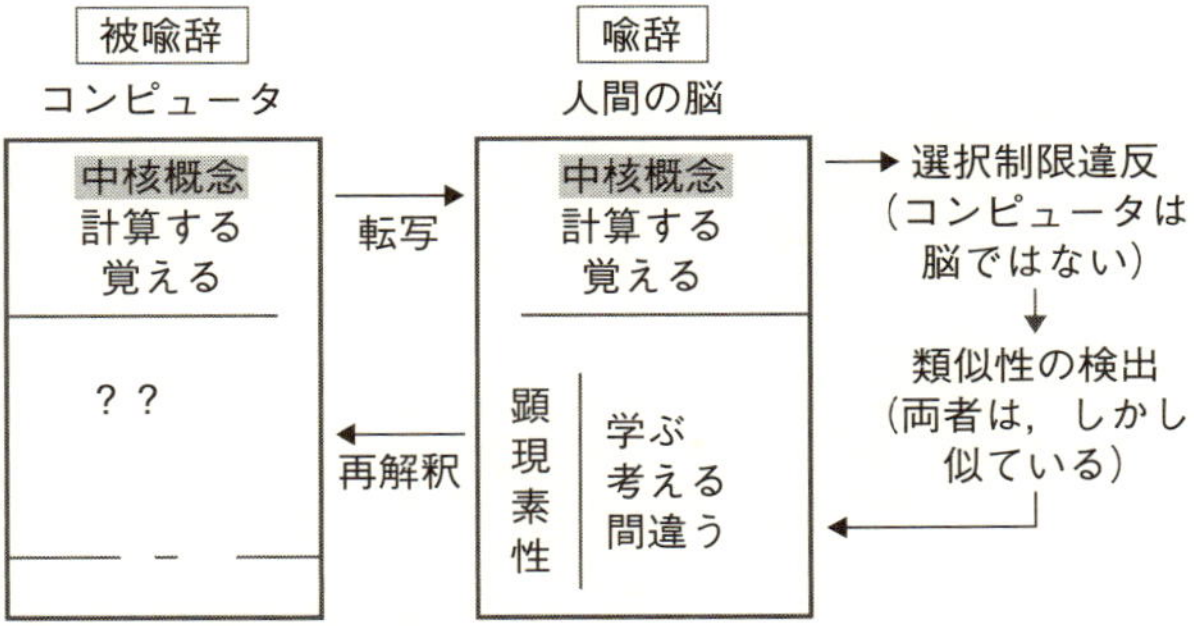

図6-3 比喩理解の過程
コンピュータの働きを人間の脳になぞらえて解釈しようとする場合。

比喩は、目の前の現実を、長期記憶の中にすでにあるひとまとまりの知識——これ自体がまたメンタルモデルに他ならないのだが——を使って解釈してみることである。コンピュータというわけのわからないものを目の前にして、さてどうするかというときに、コンピュータも計算する、記憶するという働きがあることを知って、「ああそうか、人間の脳のようなものだ」として、コンピュータの働きを、以後、人間の脳の働きになぞらえて解釈していこうとするものである。そのあたりのメカニズムを、図にしたものが、図6—3である（山梨正明『比喩と理解』東京大学出版会に基づく）。

　比喩理解のポイントは、まず、たとえの「ウソ」に気づくことである。コンピュータが脳ではないことは、はっきりと認識できなくてはならない。これが選択制限違反である。ついで、ウソにもかかわらず、たとえられるものとたとえるものとの間のどこかに似たところがあることに気づかなければならない。見かけでも機能でも、どこかに似たものがあることに気づかないと、少なくともわからせるための比喩は成立しない。この類似性に基づいて、類似性からはみ出た部分（顕現素性）がたとえられるものへと転写されて、「わかった」となる。

比喩を使う利点は、次のようなところにある。

・直観的にわからせることができる。
・わからせたいことに親しみを持たせることができる。
・わかったという感覚を持たせることができる。

いずれも既存のメンタルモデルを新しい事態に転移させたことで派生するものである。もちろん、比喩もメンタルモデルであるから、その欠点、つまり、誤りに導くことがあるのは致しかたない。

いずれにしても、表現者は、比喩の持っているこうした特性をうまく利用すると、わかりやすい表現ができることになる。あまりに事態が目新しくて、相手が自分の力だけではメンタルモデルを転移できないことが想定されるときには、積極的に利用するとよい。ただ、何をたとえに使うとよいかがむずかしい。相手の長期記憶の中に、たとえに使ったもの（喩辞）についての十分な知識がなければ、まったくたとえにならないからである。

意味を先に

いつも比喩ばかりというわけにはいかない。長期記憶内の既存の知識要素を寄せ集めて、さらにそれらの間に関係をつけ、新しく入ってくる情報を同化するための支援、つまりメンタルモデルを形成させるための支援を、表現者の側で工夫する必要がある。そのポイントが、「意味を先に」である。メンタルモデルは、それぞれの人がそれなりに作る意味の世界、知識の要素間に関係が作られている世界である。それを作りやすくしてやる表現上の工夫をすれば、わかりやすい表現につながるはずである。

人は意味の世界に住んでいる。意味のわからない世界は不気味に感じ、不安が高まる。見るもの聞くものが、ばらばらで何が何やらわからないと、何とかしてほしい、との思いが強まる。こうしたときに、「それはこういうことですよ」という具合に意味を教えてもらえれば安心できるというものである。

事例６‐４　趣意説明の原則

教育技術の法則化運動の教祖のごとき感のある向山洋一氏は、『授業の腕をあげる法則』（明治図書出版）の第一条で「趣意説明の原則」、つまり、子供に指示するときは、「～のために、～しなさい」の形にすることをすすめている。「～のために」が趣意、つまり意味である。「ゴミを拾いなさい」ではなく、「教室をきれいにします。ゴミを拾いなさい」、「窓を開けなさい」ではなく「空気をきれいにします。窓を開けなさい」。

氏の本には、これ以外に、子供にわからせる貴重な原則がいくつもある。是非一読されたい。人にわかってもらう指示をどうすればよいかのヒントがたくさんある。ちなみに、そのいくつかをあげておく。

・一時一事の原則――同じときに、２つも３つも指示を与えない。
・簡明の原則――指示や発問は短く限定して述べよ。
・最後の行動まで示してから動かす原則――何かをさせたいときに、それが終わったらどうするかをあらかじめ示してから、させる。
・細分化の原則――子供の目でとらえる分析の単位で指示せよ。
・確認の原則――常に達成状況を子供に伝えよ。

意味を先に提示することは、たとえて言えば、長期記憶に貯蔵されている知識に対して、

「何々するもの寄っといで」と呼びかけるようなものである。「これから処理する情報は、こんなものだから準備して下さい」と、宣言するようなものと言ってもよい。

意味を先にすると、相手に気持ちよくわかってもらえるだけでなく、相手のわかり方を正確にする利点もある。次の事例でそれを知ってほしい。

事例６－５　人に何かを指示するときも意味を先に

次の文が指示する絵を描け。

ａ　長方形を描き、その上に三角形を描く。

ｂ　四角を描き、その脇に半円を描く。

ｃ　ボーリングの球を描きます。円を描き、その中に小さな円を三つ描く。

ｄ　松の木を描きます。上を向いた三角形を描き、その下に細長い四角を描く。

さて、どんな図が描けたであろうか。それぞれ、それほどむずかしい課題ではない。しかし、ａとｂでは、描く意味を提示していないので、人によっていろいろな絵を描いてしまうはずである。これが、ａについては「家を描きます」、ｂについては「コップを描きます」というように、描くことの意味を先に提示すれば、誰でも迷うことなくほとんど同じような絵を描くはずである。ｃとｄについては、何の迷いもなく描けたはずである。これからすることの意味を先に指示することが、あとに続く作業についての予測を生み、それを正確に実行させるのである。

さて、「意味を先に」にかかわる話をもう少し見ていくことにする。

題目語（文）は前に

ここで、よく知られている文章技法の一つを、メンタルモデルに関連づけて取り上げてみる。

事例６-６　題目語は前に

次の３つの文章は、いずれがわかりやすいであろうか。

ａ　HPKには、機能の高度化と処理の高速化をはかるために、いくつかの付属ソフトが添付されている。

ｂ　HPKには、いくつかの付属ソフトが添付されている。機能の高度化と処理の高速化をはかるためである。

ｃ　機能の高度化と処理の高速化をはかるために、HPKには、いくつかの付属ソフトが添付されている。

文章技法の一つに、「題目語（文）を前に」というのがある。なお、題目文（トピック・センテンス）とは一つのパラグラフ単位内の、意味の核となる文のことである。また、パラグラフとは、段落で区切られた、一つの意味的なひとまとまりをなす文の集まりのことである。このあたりで段落をつけた方が見ばえがよいくらいの気持ちで区切るのは、パラグラフを構成しているとは言えない。また、題目語とは、傍点部のように、一文の中での意味の核になる語や句である。

事例6―6の例文くらいの長さだと、わかりやすいという点で、甲乙つけがたいように思える。短期記憶内で一気にすべてを処理できてしまうからである。しかし、あえて言えば、「題目語を前に」の原則に従うと、わかりやすいのはaかbということになろう。bは、原則にかなってはいるが、二文となっており、しかも、理由を述べた文が後にくるので思考の順序には合わなくなっている。やはり、aということになろう。ただ、aにも、問題がないわけではない。主部と述部が、理由を述べた文のために分断されてしまっているからである。ここで、

「主部と述部はできるだけ接近させる」（a、b）

「長い成分は前に」（c）

という別の文章技法と衝突することになる。この2つの原則を優先するなら、cとなる。「長

い成分は前に」と衝突したときは、「題目語を前に」が優先されるとの説もあるので、一応、ここでは、aがもっともわかりやすいとしておく。

さて、なぜ題目語（文）を前にするとわかりやすいのであろうか。

読み手は、文章を読みはじめると、頭の中にメンタルモデルを作り始める。これに基づいて、次々と処理系に入力されてくる語句や文の意味についての仮説を立てる。仮説に合った（照合する）語句や文はすばやく処理されるが、仮説に合わない文章が入ってくると、わからない、おかしい、ということになり、処理に時間がかかる。場合によっては、それまでに作り上げられていたメンタルモデルを変更することになる。題目語（文）が先頭にくると、このメンタルモデルを作るのに都合がよい。「これから述べることはだいたいこういうことです」と、あらかじめ宣言してくれているわけであるから、読み手はそれに合わせて長期記憶内の知識を準備できる。題目語（文）が、言わばこれから述べることの枠組みを作り出す役割を果たしてくれるのである。

題目語（文）は、書き手の構想の中核をなす。したがって、短期記憶の中に最初に引き出され、たくさんの注意の容量を占有する。それをできるだけはやく外に出して短期記憶内のスペースに余裕を作りたいとの思いが先入れ先出しの原則となって、ここでも構想優先症候群（71ページ参照）が自然に発生し、あまり意識せずとも、文頭におかれることになるはずである。しかし、「述部が文末にくる〈ので題目語（文）――これはしばしば主部となる――がそれに引きずられて後ろにきてしまう〉」「修飾部が前にくる」という日本語の特徴が、題目語（文）が前にくるのを抑制することがある。そこで、日本語では、かなり意図的に努力して、題目語（文）を前におくようにしないとダメらしい（木下是雄『理科系の作文技術』中公新書）。

概要を先に

基本的には、「題目語を先に」と同じであるが、それをもっと大きな単位、たとえば、テキスト、一篇の原稿、一時間の講演、１００分の授業でやろうとすると、「概要を先に」、時には「結論を先に」となる。

とは言っても、門外漢の人に対して最初からいきなり難解な用語を使って概要や結論を述べるわけにはいかない。そんなときには、「話の筋は、だいたいこんなところです」「前半はこれこれのこと、残りはこれこれのことを述べます」でもいい。配布した資料をひとわたり眺めてもらうだけでも、かなり違うはずである。

工夫6-5　**講義をする、講演をする、発表をするときは、その内容の概要を冒頭で示す**

工夫6-6　**本の中でも、最初の方で全体の構成と方針を示す**

どこまでいっても、論文の目的がはっきり書かれていないのを読まされたり、発表の趣旨がいつまでたっても出てこなかったり、全体の構成がわからなかったりすると、相手はイライラさせられる。たとえば、本書では、この点に関して、次のような工夫をしてみた。

・プロローグで、本書で言いたいことをはっきり述べている。

・一目で見渡せるように、目次を見開き2ページにおさめてある。

・各章の最初に、章内の節、小見出しの目次を入れ、さらに概要を入れた。

・随所に小見出しを入れ、中心的な考えがわかるようにした。

ちなみに、最後につける要約も、くどくはなるが、長い論文や記事では忘れてはならない。これによって、読み手は、自分なりに作り上げてきたメンタルモデルが妥当であることを確認し、そのモデルのどこが大事なところかを知ることができるからである。無論、最初につける概要は、読み手に方向づけを与えるもの、最後につける要約は、知識への定着を与えるものというように、内容に区別をつけることにはなる。本書でエピローグを用意しまとめを入れたのも、こうした理由からである。

誰かは不明であるが、こんなうまいことを言った人がいる。「まず初めに、あなたが言わんとしていることを言え。次にそれを言え。そして最後に、何を言ったかを言え。」至言である。

今、何をしているのかをはっきり

勉強や仕事をしていても遊びをしていても、我を忘れるほど熱中すると、自分が今、何のために何をしているのかが一瞬わからなくなることがある。あるいは、町を歩いていて、ふと自分がどこにいるのかわからないのに気づかされて驚くことがある。こんなときに人は不安にかられる。

普通は、何をするときでも、我々は、自分のしていることが全体のどこに位置しているか、そのあとに続くものは何かをきちんと知っている。知っているときに、安心してことに打ち込める。

これが、いつもとは違った状況におかれると、しばしば、今、自分がしていることの位置づけができなくなる。一つ一つのことはわかるが、全体がわからない状態におかれることがある。たとえば、見知らぬ土地に行ったときのことを考えてみてほしい。こうした状態は、あまり気持ちのよいものではない。

入力された情報を個別的には処理できても、それをどこに位置づけてよいかわからない。処理された情報が、長期記憶の中をおさまるべき場所を求めてさまよい歩くような状態が発生すると、不安になる。

そこで、次のような工夫が大事となる。

工夫6-7 話のところどころで、それまでの話のまとめと、あと残りは何で、分量はどれくらいかを示す

工夫6-8 今、表現していることが、前の何と、また後の何と、どう関係しているかを随所で示す

事例6-7 自分は今どこにいるのか

人が複雑なシステムとかかわっているときのその人のシステムに対するイメージ(メンタルモデル)のたとえとして、佐伯胖氏は、図6—4に示すような4種類があるとしている(『数理科学』1988年3月号)。初心者には、よほど工夫をこらした表現をしてやらないと、迷路的な空間に入りこませることになる。一番わかりやすいのは、パースペクティブ的空間であるが、これであっても、ある程度、複雑になってくると、随所で、どの位置にいるかをはっきりと表現してあげることが必要になる。フラクタル的空間は、全体が統一した思想で貫かれている表現の場合である。どこをとっても、全体が見えるので受け手は安心するが、局所的世界に自閉させてしまう危険性がある。小宇宙

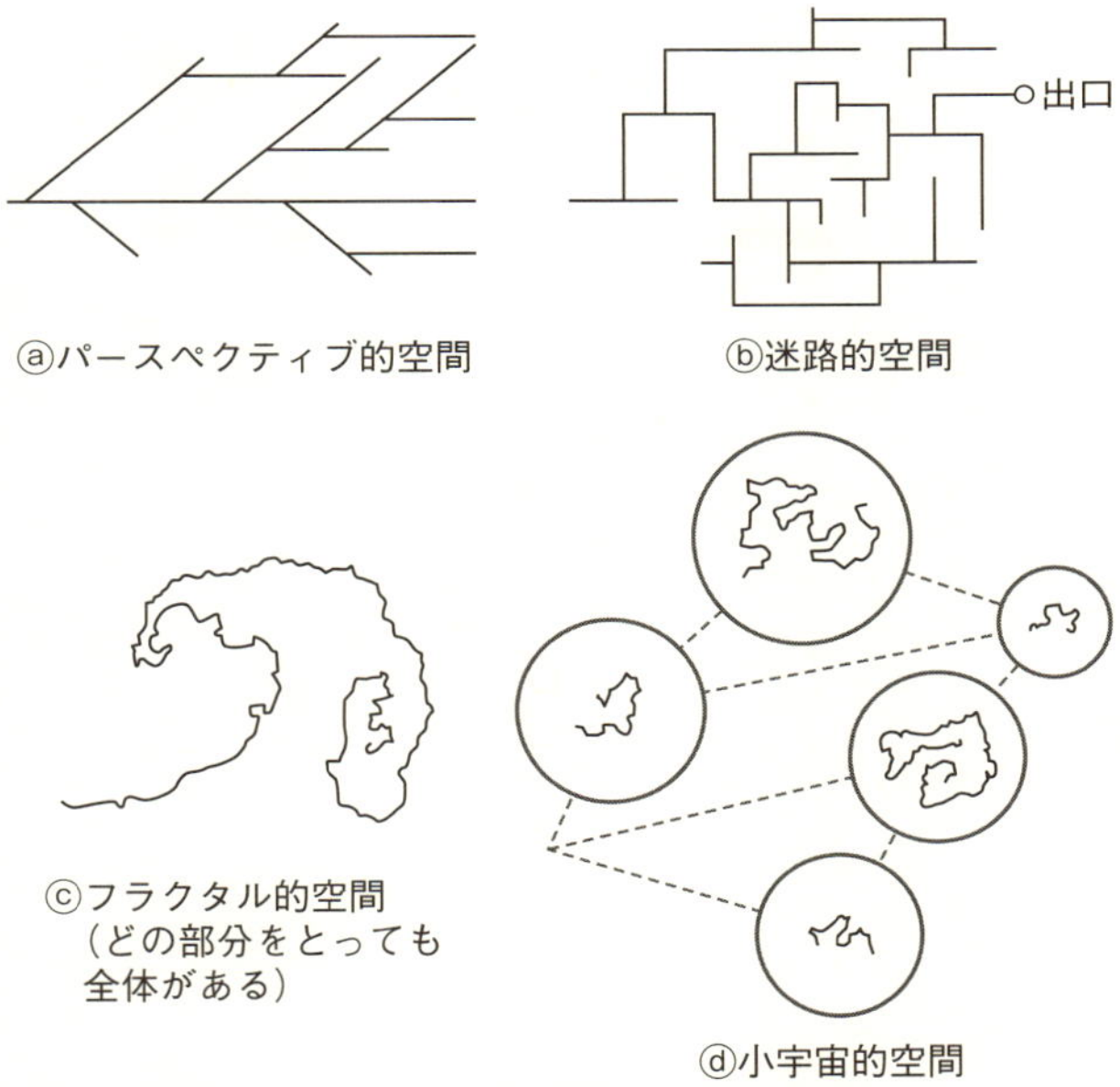

図6-4 **複雑なシステムに対するイメージの型のたとえ**

的空間は、つぎはぎだらけのシステム、たとえば、たくさんの人が書いた統一のとれていない編集本を読まされるようなときに発生する空間である。

解答

問6-1　aは「ヒザ」ではなく「ヒジ」。bは「缶切り」ではなく「手で開ける」。cは「チキン」ではなく「バード」。dは「トナカイ」ではなく「ソリ」。

COLUMN

「ステレオタイプ思考」
なぜステレオタイプ思考は便利なのか

学問研究のような、真理を求める思考と比較すると、現実的な場での思考は、次のような特徴がある。

・唯一の正解がない
・考慮すべき条件（制約）が多い
・その条件一つ一つが不分明な部分が多い

こうした中での思考は何かと面倒である。その面倒を避けるために、ステレオタイプ（stereotype：固定観念）による思考である。本章で述べたメンタルモデルも、このステレオタイプときわめて似た認知特性を持つ。

そのステレオタイプ思考である。
たとえば、「J党」と聞くとすぐに「保守的」、「T大学」と聞くと「優秀」と判断するようなケースである
こうしたステレオタイプによる思考の便利さは3つある。
・余計なことをあれこれ考えなくてすむので、思考に費やす認知資源が節約できる
・結論が社会的に納得されやすい
・大きく誤ることがないので、リスクを回避できる

ステレオタイプは思考をなまらせる

多くのステレオタイプは、過去の個人的な強い感情を伴う体験を独断的に――実は暗黙の社会的通念によって――意味づけすることによって形成される。

たとえば、たった一度のA国人とのつきあいでの不愉快な体験から、「A国人はつきあいべた」とのステレオタイプを形成してしまう。背景にA国人についての暗黙の通念があることが多い。「やっぱりそうなのか」という感じを伴う。

現実生活での多くの場面では、ステレオタイプ思考によってそれなりにうまく処理できることが多い。「何々人はつきあいがへただからできるだけ一緒に遊ばない」というよう

な対応で当面は問題はない。

これがまたステレオタイプ思考を一層強固なものにしてしまう。

かくして、ステレオタイプ思考の桎梏《しっこく》から離れて自由な思考を展開するのが難しくなる。

しかも、ステレオタイプ思考ばかりを使い過ぎると、思考がなまってくるし、頭も硬くなってくる。

それに加えて、恐ろしいのは、見えるものも見えなくさせてしまうことである。

「T大出は頭は良いが、人づきあいはへた」とのステレオタイプ思考は、目の前にいるT大出の人が持っている本当の特性を見えなくしてしまう。

入社試験で、卒業大学名を面接者に知られないように工夫をしているところもあると聞くが、それなりに妥当な方策ではないかと思う。

ステレオタイプを棄却する

ステレオタイプは、個人的な体験から形成される。それだけに、普遍性に欠ける。柔軟性もない。

だからといって、そのすべてを棄却する必要はない。そんなことをすれば、大事なことに認知資源が使えなくなってしまう。しかし、ときおり、棚卸しをしてみるくらいの気持ちはあってもよい。世の中が新鮮に見えてくるからである。

体験で学んだ知識の棄却には一般に3つの方策がある。

1つは、他の人の知識と比較してみることである。他の人のステレオタイプに思いをはせてみて、そこに自分とは正反対のステレオタイプを見つけるようであれば、自分のそれを再点検してみる方が無難である。

2つめは、やや逆説めいた方策であるが、思考の真理追求の側面を使うことである。ステレオタイプが真理ではないかもしれないことを、たとえば、本などを手がかりに学問的／科学的に冷静なチェックをしてみることである。

3つめは、ステレオタイプに合わない例の存在を見つけることである。「T大出でも頭が悪く、人づきあいはよい」人がいないかどうかに目を配ってみることである。ステレオタイプは強固なので、1つや2つの反例では、なかなか棄却はされないが、その気になれば、結構、例は見つかるものである。

第7章 「読みたい」「聞きたい」気持ちにさせる表現の技術

啓蒙、啓発場面、教育場面などでは、相手に伝えたい内容が決まっている。そこでは、まず、その内容をきちんと理解すること、ついで、それをわかりやすく表現することが大事となる。本章では、こうした場面での表現にまつわる話題のうち、これまでふれていないことを述べてみる。

1節 内容と方法と熱意と 195
何をどのようにどれくらい熱心に／何を表現する／人を見て法を説く／熱意を示す

2節 表現効果を高める道具立て 202
見せる道具立て／読ませる道具立て／聞かせる道具立て

3節 表現効果を確認する 207
教授学習錯覚／反応をつかむ／問いを使う／まとめを有効に活用する

コラム 物語化

1節 内容と方法と熱意と

何をどのようにどれくらい熱心に

事例７－１　学生が先生を評価する——ドクター・フォックス効果

アメリカの大学では、先生の授業の良し悪しを学生が評価する（逆ではない。念のため）ことが、ごく普通に制度として行われている。そして、その評価があまりに悪いと、翌年からの契約に不利になる。それを真似して、筆者も自分の授業について行ってみた。そのとき使った評価項目とそれに対する学生の評価結果を示したのが、図7—1である。同じ授業内容の繰り返しであるにもかかわらず、専攻による評価の違いがあまりにはっきりしているのに驚かされる。

ところで、こんなこともあってか、アメリカでは、学生による評価の妥当性をめぐっての研究が盛んである。Dr. Fox（狐博士）効果は、そんな中から生まれた成果の一つである。学生を相手に俳優を使って講義をさせる。ただし、その俳優にはあえて話の筋道はメチャクチャになるよ

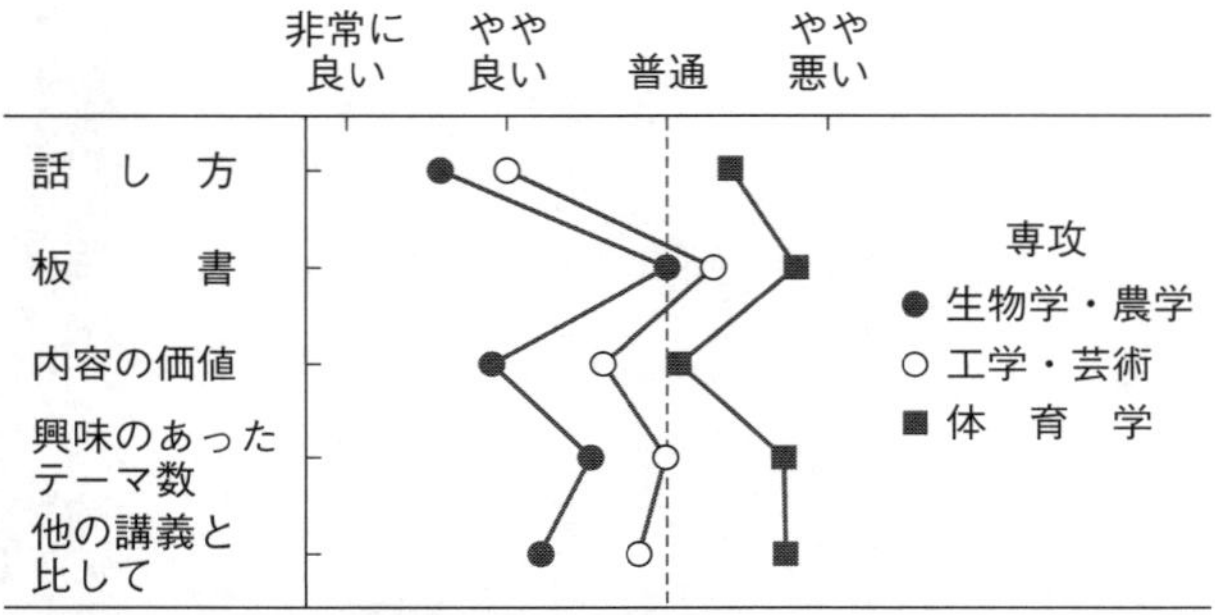

図7-1 学生による授業評価の実例

うに、しかし、ユーモアやジェスチャーをたっぷりまじえて、おもしろおかしく講義してもらう。そして、講義が終わったら学生による授業評価をさせる。すると、学生の評価が全般的に高くなるのである。授業方法だけでなく、授業の内容までもが、すばらしいという評価をするというのであるから驚きである。

吉田章宏氏は、授業評価の基本軸に図7—2に示す3つがあるとしている（『授業の心理学をめざして』国土社）。

これは、授業評価だけでなく、表現一般の良し悪しの評価にも使うことのできる概念枠である。内容のよいものを、上手に熱意を持って伝えれば、最高の表現ということになる。相手がもっとも迷惑するのは、価値のない内容を、上手に熱心にわからせようとする場合であろう。これだと、相手は逃げ場がなくなるので、頭にガラクタを詰め込むことになってしまう。

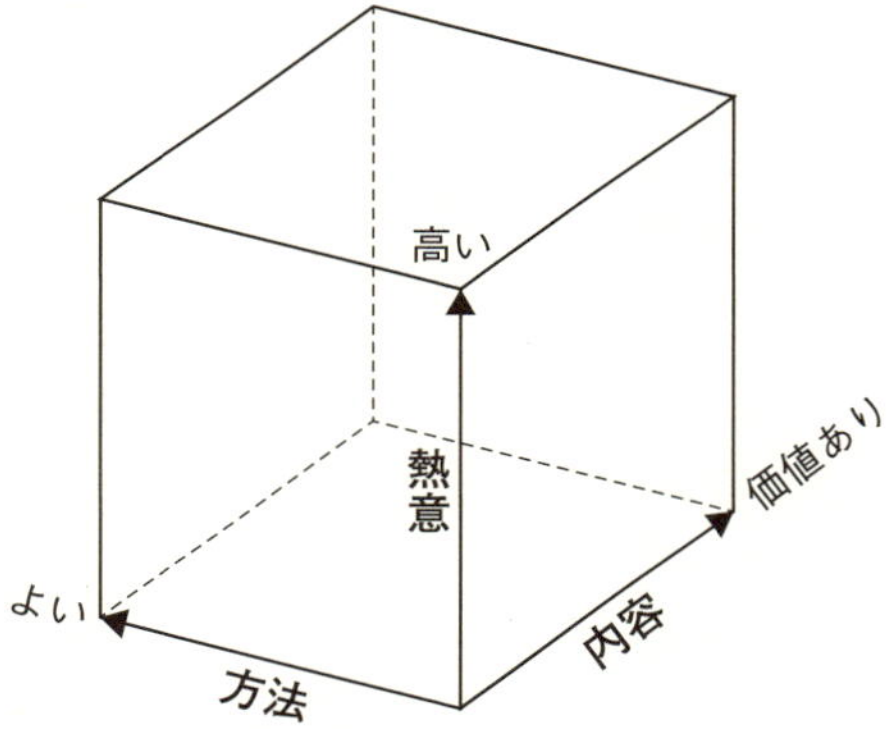

図7-2　授業評価の基本軸

何を表現する

やさしい内容を表現したものならば、簡単にわかってもらえるのは当然である。また、価値のある内容を伝えようとすれば、相手も真剣にわかろうとしてくれることも確かである。ただし、やさしいかむずかしいか、また価値があるかないかは、受け手のメンタルモデルによって決まってくるところがあるので面倒なのである。

ただ、これくらいのことは内容についてもできる、ということがある。

それは、「とりあえず」必要なエッセンスだけを取り出してみることである。最初からすべてをわからせることはあきらめて、必要最低限の十分に吟味した内容に限定して、それだけを「とりあえず」はわからせることを考えれば、事態は少し改善される。

工夫7-1　大事なことだけをやさしく表現する

むずかしいのは、内容の精選である。内容を構成する基本要素の抽出、さらに要素間の内容的関連をどれだけきちんとおさえることができるかがポイントである。たくさんの要素と関連しているもの、その要素がわからないと別の要素がわからないというものを選び出せるかどうかが大事になる。

これを本格的にやるつもりなら、いくつかの手法がある。第3章1節で構想の具体化の手法の一つとして紹介したＫＪ法や連想マップも、こうしたところで利用できる。

人を見て法を説く

「何を誰に」は、表現する側ではコントロールできない部分が多いが、わからせる「方法」は、まったく表現する側の問題である。内容によって、相手によって、わからせるための工夫が自在に使い分けられるかどうかは、表現する人の力量にかかっている。

これに関連して、教育心理学の分野でよく知られている適性処遇交互作用（ATI：Aptitude-Treatment Interaction）という概念の重要性を知る必要がある。適性とは、教わる側の能力、性格、さらにはメンタルモデルなどの特性であり、処遇とは教え方である。適性処遇交互作用とは、適性と教え方とが交互作用している、つまり、適性によって教え方の効果が違うことを述べ

た概念である。
教育心理学者・クロンバックが用いた概念で、個別指導を重視する。
映画による教授法は、人と対面していると不安が高まってしまう対人的不安傾向の強い人には効果があるが、人と会う、人と話をするのが好きな対人的積極性のある人にはあまり効果はない。これに対して、教師による対面的教え方は、対人的積極性のある人には効果はあるが、不安傾向の強い人にはあまり効果がない。映画のように自分一人の世界に浸って学ぶのが好きな人もいれば、先生や友人とワイワイガヤガヤやりながら学ぶのが性に合っている人もいるということである。
適性処遇交互作用は、人に何かをわからせようとするときには常に思い出してほしいことである。「人を見て法を説け」ということでもあるし、「何をどのような人に」を考えずに、自分がよしとした唯一の教え方や表現方法に固執することの危険性をも教えている。

熱意を示す

事例７－２　熱意さえあればわかってくれる――ピグマリオン効果

何の根拠もなく選んだ数名の児童について、「我々が行った心理検査の結果から判断すると、将来、学力が伸びます」と小学校の先生に伝える。たったそれだけで、一年後に、実際に成績が伸びたのである。これを、自分の彫った彫刻に恋をしてしまったギリシャ神話のピグマリオンにちなんで、ピグマリオン効果と呼ぶ。

先生にその児童に何か特別なことをしたかを尋ねても、絶対にそのようなことはない、と答える。しかし、観察してみると、その児童が間違った答えをすると、質問を言い換えてもう一度答えさせたり、褒める機会が多かったり、といったことがあることが知られている。教師（ピグマリオン）の児童（彫刻）への無意識の期待――これを実験者は操作した――が、そうした行動に反映されたものとされている。

この事例を見ると、わかってほしいとの熱意さえあれば、すべてが解決するようにも思える。確かにそんなところが人と人との間にはある。そして、熱意がなければ、絶対にわかってもらえないことも確かである。事例0―3と事例2―1も、今一度読み返して比較してほしい。

ただ、熱意の空回り、押しつけということも、時にはあることも知っておく必要はあろう。熱意を方法でうまくコントロールすることができれば、すばらしい。

相手が、自分と「知的文化」を共有しているなら（事例2―1がこれ）、熱意に対する感受性も高まる。あえて熱意をあからさまに出す必要はない。淡々とした語りで十分である。イラストも、やさしい表現を心がけたりすることも、かえって品がない、内容の質を落とした、と思われてしまうかもしれない。こうしたところでは、何を伝えるかだけに最大限、気を配ればよい。かつての大学での授業がそうであった。今もそうかもしれない。

問題は、「知的文化」が異なるときである。専門が異なったり、生活がまったく違う人にわかってもらうには、それなりの熱意のあらわし方がある。

時間に遅れない、準備に時間をかける、方法を工夫するなどは、相手からすると熱意の有無を判断する材料となる。大きいはっきりした声、わかってもらえたかどうかの確認、質問を求めそれにまじめに答えようとする態度、相手との親密さを求める態度なども、熱意の反映と相手はとる。

2節 表現効果を高める道具立て

話すにしても、書くにしても、見せてわからせる工夫は大事である。図表やイラスト、さらには、プレゼンテーションソフトや動画を使った映像など、視覚的な情報の利用は、次のような利点を持つ。

その一つは、情報量が圧倒的に多いことである。話すと1分間約300字、1枚の絵を見せるといったいどのくらいの情報量になるか見当もつかない。ためしに、箸の使い方をことばだけで説明してみる場合と、イラストを使ってみる場合とを比較してみるとよい。

もう一つの特徴は、視覚的に提示されたものは、直観的にわかることである。細かい数字の並んだ表からよりも、グラフからの方がすぐに何が問題かがわかる。本質を知るためには、細部の正確さは犠牲にしなければならない。

見せる道具立て

さらに、視覚表現には、全体像を与えることができる利点がある。地図を持たずに見知らぬ土地を歩くことの不便さと不安を考えてみてほしい。地図に限らず、全体図を与えることは、わかりやすさに必須である。

こうした利点を生かすには、視覚情報の作成の仕方、提示方法を知らなければならない。本書では、そこまで立ち入るつもりはない。それぞれ、関連の本を参考にして、各自が力をつけていただきたい。ここでは、見せる道具立てにまつわる基本的な工夫だけをいくつかあげておく。

工夫7-2 まとめ、強調したいときに、視覚表現を使う

工夫7-3 それだけで独立してわかるように描く

工夫7-4 視覚表現の中に込めた大事な内容は、文章や口頭でも確認する

工夫7-5 表現が単調になったら視覚表現に訴える

読ませる道具立て

パソコンの文書作成ソフトが普及してきて、読みやすい環境が作られてきたのは、ありがたい。きれいに書かれたものは、きたなく書かれたものより読みたいと思うのは自然である。

ただ、パソコンで文章を作成するときにも、注意しなければならないことがある。同音異義語による誤字が増える、漢字の量が多くなってしまう（ちなみに、漢字の含有率は30％あたりが標準である）、ある単語を漢字とかなのいずれで書くかが安定しない、などなど。しかし、すでにこのあたりは、自動的に校正してくれる機能が向上してきているので、あまり気にかける必要がなくなってくるはずである（表3―1）。

本や論文など、まとまった書き物では、タイトル、目次、小見出し、索引、参考文献も、大事な道具立てとなる。

タイトルは、内容をもっともよくあらわし、かつ簡潔に付けることになるが、それがむずかしい。あまり抽象的過ぎてしまうのも考えものだし、あまり特殊なのもわかりにくい。筆者は、主タイトルは具体的、サブ・タイトルは抽象的、という付け方を好むが、できればタイトルは、一本でいきたいものである。タイトルによって、読んでもらえるかどうかが決まるのであるから、熟慮したいものである。

目次には、2つの役割がある。一つは、これから読もうとする内容の全体的な構成を示すこと、もう一つは、必要な情報を探すときの手助けである。全体が一目で見渡せること、読む前におおよその内容の見当がつくようにあまり専門用語を使わない、といった配慮が必要である。本書で試みているように、細かい目次は、章頭に入れるのも一計である。

小見出しも、目次と似た役割を果たす。次のケースで、その大事さを実感してほしい。

問7-1　次の一節は、何のことを記述していると思うか。

解答は章末

「実際の手順は簡単です。はじめに、モノをいくつかの山に分けます。一つの山はどれ位ずつやれるかによります。もし必要なものがなくてとりに行かねばならなくなるとしたら、次の段階になってからです。やりすぎないことが大切です。一度には、多すぎるよりも少なすぎる方がいいのです。はじめのうちはわかりませんが、しばらくするとトラブルがはっきりしてきます。はじめの失敗は、全体の手順をだめにしてしまいます。まだ他にも問題があります。この仕事のすぐ後の未来に必要とされていることが、予測しにくいばかりでなく誰にも断言できないということです。一つの山の仕事が終ったら、それは適当な場所へ移され、次の山にとりかかります。こうしてこの手順が何回かくり返されます。それはまさに生活の一部なのです」（ブランスフォード、高木和子訳、『言語生活』393号より）

索引は、つい忘れてしまいがちな道具立ての一つである。目次のない本はないが、索引のない本は意外に多い。実は、筆者も何冊か索引なしの本を書いてしまった。あることを調べたいときに、自分の本でありながら、かなり時間がかかってしまう。一定のまとまりのある印刷物には、少し詳しいくらいの索引を必ず付けたいものである。「索引なきもの本にあらず」と言うくらいである。

参考文献も、是非何らかの形で入れておきたい。引用したときは無論のことである。これ以外に、「詳しくは『○○』（文献）を参照のこと」がある。これをあまり頻繁にやると、文献にあたっている暇がない読み手からすると迷惑になる。しかし、紙数に限りがあったり、内容レベルの統一をとるときには、しかたがない。そんなときでも、最低限、その文献にあたる必要があるかどうかの判断ができるくらいの情報は、書いておかなくてはならない。

装丁やレイアウトも、読みたいと思わせる動機づけのための道具立てとして大事である。さらに、これらは、あとからその本を探したり、本の内容を検索したりするときにも役立つ。本棚のどこにどの本があるかを知る手がかりは、タイトルと表紙の装丁であるし、あれはあの本のあのあたりという思い出し方は、レイアウトによるところが大きいからである。

聞かせる道具立て

聞かせる道具立てのもっとも大事なものは、言うまでもなく声である。声の性能が問われることになるが、しかし、これはその人に固有のところがあるので、どうにもならない。せめて、声をふだんよりも大きめにするか、マイクを利用する、ダラダラ話をせずに短く区切る、できるだけ立って話す、などを心がけるしかない。

読ませるも、聞かせるも、時間の流れの中でわからせることになる。とりわけ聞いてわからせるための道具立てとして、とくに考慮に入れておく必要があるのは、この時間の流れである。
ポイントは、全体の流れと、今は話がどこのところかを、はっきりと示すことである。

工夫７－６　全体の流れをプレゼンテーションソフトや電子黒板に書き出して、常に見えるようにしておく

工夫７－７　随所で、まとめと、あと何をどれだけかをはっきりさせる

こうした工夫に加えて、可能であれば、資料配布、プレゼンテーションソフト、電子黒板などの補助手段も大いに利用して、情報の固定化をはかるようにする。

３節　表現効果を確認する

教授学習錯覚

我々は、自分が相手に伝えたいことは、相手も十分にわかってくれたものと思いがちである。授業場面で言えば、教えたことは相手が学習してくれたものと思いがちである。これを教授学習錯覚という。とりわけ、一生懸命にわからせようと努力したときにこの錯覚に陥りやすいようである。努力したのだから（コストをかけたのだから）、それだけの効果があって（パフォーマンスがあがって）当然という、これまた一つの錯覚――コスト・パフォーマンス錯覚――とが、教授学習錯覚と重なってしまうと事態は深刻になる。

初めて教壇に立った新米教師が、毎回毎回十分過ぎるくらいの準備をして、懸命に授業をしたときなどに、しばしば、この錯覚に陥る。期末試験の結果を見て愕然という経験は、教師なら何度も体験しているはずである。

教師歴50年の筆者の体験でも、気負ってこれだけは絶対に教えようとの気持ちが強過ぎるときには、不思議なことにあまりうまくいかない。少し抜いたくらいの気持ちで授業や講演をしたときの方がどうもよさそうである。これができるようになったかなというのは、教師になって15年くらいしてからではなかったかと思う。

教授学習錯覚、コスト・パフォーマンス錯覚に陥らないようにするには、絶えず、相手の反応に気を配ることにつきる。

反応をつかむ

筆者は、認知心理学に関連する講演や授業をするときに、よくこんなことをやる。

その講演、授業の中で使う基本的な用語を7個、講演の冒頭にまず暗記してもらう。7個というのは芝居がかっているのだが、あとで短期記憶の記憶容量（マジカルナンバー）の話をするのに都合がいいので、あえて7個にする。そして、この7個の用語を、講演や授業の切れ目、切れ目で思い出してもらい、その思い出され方について解説したりするのに使ったりする。たとえば、

・意味的なつながりのある用語は連続して出てくる
・思い出せない用語は、その用語があったかどうかを答えてもらい（たいていはこの判断〈再認〉は正確にできる）、思い出せないのは、長期記憶に情報はあるのにただ引き出せないだけである

といったことである。

さらに、その思い出され方や、思い出して下さいと言ったことに対する聴衆の反応に注意していると、そこに話した内容のわかり方の深さや誤解を知ることもできる。技術関係の方々を相手に講演していたときに、メンタルモデルがメタルモデルになって再生されたのに驚かされたり、リハーサルという用語が再生されないので、どうしたのかと思ったら、まったく解説から落としていたり、といったことがあった。

コミュニケーションの相手から反応をとるのは、たとえ相手と面と向かっていてもむずかしい。それなりの工夫や努力をしないと、相手の反応を、つい独りよがりの、自分に都合のよいような解釈をしてしまいがちである。

具体的には、こんな方法がある。

(1)聴衆の後部、真ん中あたりに一人ずつひそかにターゲットを決めておき、絶えず、その人の反応に注意する。このあたりに座っている人は、だいたい熱心さもほどほど、お義理で聞くくらいの方々の座る席だから、ここの人がどういう聞き方をしてくれるかが、聴衆全体の平均的な反応となるはずである。

(2)前列にいる方々の2〜3人を対話の相手にしてしまう。ちょっとしたことを、これらの人に尋ねたり、時には意見を聞いたりする。筆者は、150名くらいの大講義では、毎回、指定席と称して前2列にあらかじめ指定した学生を着席させて、これらの学生と対話しながら授業を進めている。

(3)あらかじめ紙などを配布して、何か疑問や感想などがあれば書いて提出してもらう。返事がほしいなら、その方の名刺の裏に書いてもらう。

(4)あらかじめ作成しておいた評価用紙に(図7—1、図7—2が項目の作成には参考になる)、最後に評価してもらう。ただし、無記名でやること。記名でやると、遠慮が働いてよい評価の方にずれてしまうからである。とはいっても、悪い評価はされたくない、見たくないというのが人間の性《さが》である。そんな人には、よいところ、悪いところ、それぞれ3点ずつ書いてもらうというやり方をすすめる。これなら、気持ちの上で差し引きゼロで、落ち込まなくてすむ。

書いたものへの反応を知るのは、むずかしい。また、あとでしまったと思っても簡単には訂正がきかないし、どんなにありがたい感想も忠告も、その書き物についてはあとの祭りである。

そこで、公の目にふれる前に、できるだけたくさんの人に読んでもらうことが大事となる。普段からそうしたことをしてもらえる人間関係、つまり遠慮なく批判してくれる人、建設的な忠告をしてくれる人を作っておく努力をすることである。つまり、知的環境を良好なものにしておくことである。

事例７－３　あなたの発表力をチェックする

発表力自己チェックリストなるものを、昔、作ってみたことがある。プレゼンの機会の多い方は、遊び心でチェックしてみてほしい。

・発表するときは、誰にわかってもらいたいかを考える（　）
・人の発表の上手、下手が気になる（　）
・自分の考えを積極的に言う方だ（　）
・発表するときは、よく準備をする（　）
・発表を聞いてもらうのはうれしい（　）
・議論するのが好きだ（　）
・発表の仕方に自分なりの工夫している（　）
・発表時間には厳格である（　）
・発表であがることはない（　）
・話し方だけでなく、視線、表情、動作にも配慮している（　）

問いを使う

表現内容がきちんとわかってもらえたかを知るのに有効なのは、問いである。問いは、表現する人が相手の反応を知るのに有効なだけではなく、相手みずからが、本当にわかっているのかどうかを自己確認するのにも役立つ。

問いというと、ただちに試験を連想してしまいがちであるが、もっと気軽に考えていい。「わかりましたか」でもいいし、女子高校生の会話で「ネー、ネー、カオリが学校休んだの知ってる？」といったたぐいの会話があるが、そんな一種ゲーム感覚でやるのも一計である。

工夫次第でいろいろな問いの使い方が考えられることを知ってほしい。

事例７－４　本文の随所に問いを入れる

筆者は30代後半に初めて本を書いた。その本で、本文中の随所に小さい問いを入れる、あるいはブランクを用意してそこを埋めさせるという試みをしてみた。たとえば、図７—３のようにである。読者の反応を聞いてみると、データ解析の知識が豊富な人からは、思考の流れをさまたげられるので読みにくいとの批判を頂戴したが、はじめてこの領域の勉強をした人からは、わかったかどうかが一つ一つ確認できるので、知識が確実になってよいとの感想をいただいた。なお、本書は改題して『Q＆A心理データ解析』（福村出版）として、現在も出版されている。

問いの内容はさまざまであり、手をあげるかあげないかで答えられるものから、一週間、資料を調べまくってやっと答えられるものまである。また、知識の有無だけで答えられるものから、いくつかの知識要素の間に関連をつけなければ答えられないものまである。時と場所と人を考慮して使い分けられる技量が必要になる。しかも、相手との関係をまずくしない配慮もしなければならない。答えられないことによる羞恥心が、へたをするとあなたへの敵意に変わってしまう可能性があるからである。そのためには、相手の知識を試すための問いであるとの思いがあってはならない。わかってもらえたかどうかの確認のためであることをはっきりさせることを忘れてはならない。最低限の工夫として、次のようなことはしてほしい。

工夫７－８　一つの問いで一つのことを問う

工夫７－９　問いに対する解答は必ずつける

なお、ここでの話には直接は関係ないが、問いには、問いに答えることによる知識の更新とい

問 6.18　3 つの重回帰式の β_j のちがいを列挙せよ。

さて次は，予測の精度の問題に話を進めます。まず，式(6・6)の下の式を使って β'_j を求め，標準化する前の得点 y'_i を予測する式を作ってみますと，次のようになります。

$$y'_i = 0.927x'_{i1} - (\qquad)\,x'_{i2} + 1.958x'_{i3} + 4.096x'_{i4} - (\qquad) \cdots\cdots (6\cdot 7)$$

問 6.19　$\hat{y}'_1$，$\hat{y}'_2$ を推定してみよ。y'_1，y'_2 との差 ε'_i も求めよ。

表 6.7 には関連するデータがのせてあります。言うまでもなく予測が意味を持つのは全体として残差の平方和 $\Sigma(y'_i - \hat{y}'_1)^2$ が小さくなることです。

図7-3 **本文中の問いと問い中の（　）とを使った、挿入質問の例**

うもう一つ大事な働きがあるので、ついでに述べておく。

問いが与えられるとそれに答えるべく、長期記憶内の関連した知識が活性化される。問いにうまく答えることができたときはもとより、答えられないときでも、そのときに短期記憶で作り出された新しい関係は、長期記憶へ戻されて、新たな知識の構造を形成する。これが、知識の更新に他ならない。

まとめを有効に活用する

本書でも、章頭の概要、次に示す本全体のまとめと、くどいくらいにまとめを入れてみた。これも、表現効果の間接的な確認である。書いたものでは、読み手自身に自分の理解の程度を確認してもらうことになるが、講演や授業でも、これに似たことをすることによって、表現したことがわかってもらえたかどうかが確認できる。

まとめにもいろいろある。それぞれに応じたまとめ方を心がけることになる。基本は、まとめる範囲をつらぬく思想、概念枠を明確にすること、結論をはっきりさせることである。まとめる範囲が広がるにつれて抽象的になるが、この基本だけは変わらない。

書き方としては、「簡潔に」につきる。そのためには、箇条書き風、それも3点くらいにするのがよい。

また、最初につける概要は、読み手に方向づけを与えるもの、最後につける要約は、知識への定着をはかるものというように、それぞれの内容に区別をつけることになる。

解答

問7-1　タイトルとして「洗濯の仕方」としたら、一気にわかるはずである。

COLUMN

「物語化」
人生は物語なり

「人生至るところ物語。人は物語の主役であったり、脇役であったりしながら、物語を楽しむ」ようなところがある。自分を襲った悲劇さえも楽しみに変える力が物語にはある。そこに着目した心理療法として、ナラティブ（narrative）・セラピーなるものさえある。

あるいは、目の前にある一枚の紙にも物語を見つけることができる。

たとえば、あなたが技術者なら、どんな素材で誰がどれくらいのコストで作ったのか、そして製作者の苦労にまで思いをはせられるならば、立派な物語の語り部といってよい。

思惟の世界でも、この物語化は大事になってくる。それが、ここでのテーマである。

物語化するとよく記憶できる

記憶術にはいろいろあるが、すべてに共通しているのが、この物語化である。

物語を作ると、頭の中にある知識を使うことによって、覚えるべきことがその知識に結びつけられる。これが覚えるのにも、思い出すのにも効果的に働くのである。

記憶術では、その知識をあらかじめ記憶してもらうことになるのである。

考えるのにも、物語は役立つ

思考においても、物語化は有効である。

「AならB」が正しいとすると、「BでないならAでない」（対偶）は正しいかと問われても答えにくい。しかし、「人間なら死ぬ」が正しいとすると、「死なないのは人間ではない」は正しいかと問われれば、答えるのはたやすい。

これは、思考における具体性効果であるが、「具体」の中にある物語化のための手がかりの豊富さが、思考を容易にしているのである。

算数や数学の文章題にも、こうした物語効果をねらっているようなところがある。

物語は人を感動させたり、納得させたりすることもできる

映画や芝居は人を感動させる。言うまでもなく、そこに物語があるからである。

プレゼンテーションや講演など人に語りかける場面でも、事実と意見・主張だけよりも、物語がある方が、感動までは無理としても、納得してもらいやすい。

あるいは、広告・宣伝の世界では、物語化はすでに一般化した手法として採用されている。たとえば、

・農作物の宣伝でも、生産者の顔や現場を見せる
・家の広告でも、山田家として見せる
・宿の宣伝でも、旅物語の一部にする

エピローグ

人間は情報を処理する一つのシステムである。表現する人も、表現されたものを受け取る人も、それなりに頭の中で膨大な情報を処理している。本書では、わかりやすい表現とはどういうことかを、情報処理という観点から捉え直し（「認知表現学」のモデルを想定し）、そこから帰結される表現上の工夫を述べて、読ませる技術・聞かせる技術を追究してみた。

まとめ

認知表現学の基礎として4章を用意した。

第1章では、人間を情報処理システムとして捉える枠組みとして、短期記憶と長期記憶とからなるマクロモデルを紹介した。

第2章では、書く、描く、話す、からだで表現することなど、表現全般にわたり、その目的や特徴を吟味してみた。

第3章では、構想の具体化、表現システムへの変換、表現されたものの評価までの一連の表現の内的過程を、第1章で提案した情報処理のマクロモデルに従って捉え直し、それによって表現にまつわる諸問題を吟味してみた。

第4章では、わかりやすい表現と言うときの「わかる」とは、どういうことなのかを、情報処理の観点から分析してみた。さらに「わかる」「わからせる」ことの諸相についても考えてみた。

また、第5章からは、第4章までの認知表現学の理論的な考察を踏まえて、その実践的な工夫を3章にわたって提案してみた。

第5章では、表現の最初の段階で、相手に、とりあえずわかりたいと思わせる表現上の工夫を、知的好奇心を中心に考えてみた。

第6章では、表現の受け手が自分の頭の中に作るミニチュア世界をメンタルモデルと名づけ、その特性に合わせた表現上の工夫について書いてみた。

第7章では、読ませる表現・聞かせる表現をするための具体的な道具立てと、それにまつわる心理的諸問題について述べてみた。

わかりやすい事例の数々

7章にわたり、読ませる技術・聞かせる技術を意識したわかりやすい表現をするにはどうすればいいかを考えてきた。納得いただけたであろうか。そして、これからは、読者の方々の表現に何か一味違ったものが出せるであろうか。

頭の中に格納されている知識は、そのすべてが力になるわけではない。たとえば、小説を書くのには、せいぜい仕入れた知識の2割程度しか使っていないのではないかと、作家の故・藤本義一氏は新聞のコラムで述べている。2割か、5割かはともかくとして、「力にならない」膨大な知が、我々の頭の中にあることだけは確かである。しかし、頭の中から消えてしまったのではないことも確かである。何かのきっかけで、それまでまったく忘れていたことをふと思い出すことが、しばしばあるからである。

本書の内容も、そのすべてが、仮に読者の長期記憶の倉庫にしまわれたとしても、それが、実際の表現の場で、ただちに力になるというものではない。もったいない話ではあるが、これが人間の認知機能の限界であるから致しかたない。しかし、まったく無策というわけではない。

知を力にするための有力な方策の一つは、格納されている知識に、具体的な表現場面にかかわる情報を追加していくことである。わからない表現に出くわしたとき、なぜわからないのか、自分ならこうする、それはこの本のこの部分と関係している、あるいは、すばらしい表現にふれたとき、なぜすばらしいのか、それはこの本のこの原理原則を踏まえているからだ、といったことに思いをはせる習慣をつけることである。これによって、教科書的知識と体験的知識とが合体して、知識は生きたものになってくるはずである。なぜか。それは、体験的知識が、表現の現場にある思い出すためのきっかけと照合されやすいからである。知識の一部が引き出されると、それに関連する教科書的知識も芋づる式に出てくる。是非、心がけてほしい。

知を力にするもう一つの方策は、月並みなことではあるが、ともかく書いて書いて書きまくる、話して話して話しまくることである。理屈はともかくとして、実践することである。時代錯誤めいた方策であるが、人間は実践から多くのことを学ぶ。しかも、実践から学ぶものは、自分の身の丈に合ったもの、自分の情報処理系の中でたっぷりと処理できるものである。そのゆっくりさがまどろっこしいが、しょせん身につく知識とはそうしたものかもしれない。

最後にもう一つ、知を力にする方策としてあげておきたいのは、表現したものの評価環境を用意しておくことである。人間は自分で自分のことをある程度までは知ることができる。メタ認知能力があるからである。したがって、表現したあとでそれの良し悪しを、ある程度までは自分で評価できる。しかし、あくまで「ある程度」である。すぐれた表現者として、もう一歩上のレベルにまで行きたいときには、どうしても、表現したものに外部から批評を加えてくれる環境がないとダメのようである。筆者の場合は、原稿ができると、大学院生か友人に必ず見てもらうようにしている。講義では、講義感想ノートを回覧して記入してもらったりしている。いつも、褒めことばだけを期待してはいけない。胸にグサリとくる批評も、じっくりと受け止められるようでなければダメである。

この3つをまとめると、結局、すぐれた表現者になるためには、すぐれたスポーツ選手になるための訓練を真似ることであることに気づく。いいコーチのもとで、理論と実践を繰り返すことである。

さて、本書を締めくくるにあたって、こんなわかりやすい表現も世の中にはあるのだということを紹介させていただく。なぜ、わかりやすいのかは、知を力にする方策のための演習問題のつもりで、読者自身でお考えいただきたい。

事例8-1　むずかしいことをやさしく

高校時代の物理学の授業。ほぼ毎時間、授業が開始されるとすぐに、小実験を体験させてくれる。時には、サイコロ一つのこともあるし、時には、先生お手製の実験器具を使うこともある。一時間の授業は、この小実験で体験したことをしばしば参照しながら進められるので、むずかしい理論も何となくわかった気にさせられる。少なくとも、この式は、実験のあの部分に関連するのだな、ということがわかるのでありがたい。もっとありがたいのは、試験のとき。問題を解く手がかりがつかめない場合に、関連しそうな小実験をいくつか思い浮かべて、問題との類似性を調べると、不思議と、関連する知識が引き出せるのである。

事例8-2　徹底して準備する

日常生活のトピックをおもしろおかしく科学的に説き明かすテレビ番組に、4回ほど出演させていただいたことがある。30分の番組1本作るのに、1ヵ月以上も前から構想を練り始め、素材集め、取材、実験などが行われる。それがものすごいのである。今にも、海外にまで取材に行きかねないくらいの勢いなのである。わからないこと、納得できないことは徹底的に聞いてくる。そして、当日。1日かけて収録したはずのVTRが、わずか1分に縮められているなどはザラ。出てくるはずの画面がとうとう最後まで見られないこともある。しかし、さすがによくわかり、深みもあり、見ていても安心できる。

事例8-3　まず、一番簡単なことをやらせてみよう

パソコンを購入した。さっそくマニュアルを見る。1ページ目にある部分の名称と機能をちょっとながめてから、先へ進む。文書作成ソフトの使い方で「ともかく、画面に

『美しい』と出してみよう」とある。イラスト入りのマニュアルは、今どきそれほどめずらしくない。ありがたいのは、キーを一つ押すと、何が起こるかが書かれていることと、間違ってキーを押したときの訂正の仕方が脇に書かれていることであった。おっかなびっくりながら、なんとかできた。次のページに進むと、「画面に表示されている『美しい』を保存してみよう」とある。できた。少し自信がわいてきた。次は何を。胸がわくわくしてくる。

事例8-4　これなら迷わない

ある企業に講演を依頼されたときの文書に、こんな道案内があった。地図が添付されていなかったので心配であったが、1分のロスもなく目的地に着けた。

最寄駅は、地下鉄銀座線　虎ノ門駅（常磐線の場合は、上野駅で乗り換え、渋谷方面に乗車、進行方向うしろで乗車が便利）。

虎ノ門駅にて、出口7番より地上へ出たところで、道路をはさんで、前方右手に見える白ぬりの6階建ビルです。駅より徒歩3分。

事例８－５　学者も表現の上手下手で評価が決まる

橋田浩一氏が認知科学会のニュース・レター（１９８８年、第9号）に、「ＩＪＣＡＩ八七参加記」と題して、こんな話を載せている。事例として引用させていただく。

「Johan de Kleer が Computers & Thought Award という賞をもらって、記念講演をやりました。……非常に面白く聞ける話をしておりましたが、後によくよく考えてみると、実は学問的に得る所がなかった、……しかしこれは逆に、いかに彼の presentation が巧妙であったかを示すものであり、彼の業績に対する評価もひとつには（いやひとえに）この能力の故である……これに対して日本人の発表はうまいとは言えません。……迫力に欠けると言うか、どうも見劣りがします。……語り口の巧妙さによる説得力は研究そのものの質の重要な部分を占めるわけで、この説得力がその研究に対する共鳴を呼び、そのさらなる進展につながるのです」

事例８－６　わかりやすい表現でネット検索してみると

ネットの検索エンジンで「わかりやすい表現」を検索してみると、なんと83万３００

０件もヒットする。いつの時代でも、所を替え品を替え、わかりやすい表現が求められている現実の一端を垣間見る思いである。

事例８－７　文書の５つの支援機能をいつも念頭に

文書作りをするには、それによって、相手の何を支援するのかをしっかりと見極めて、それにふさわしい設計原理を念頭におく必要がある。

(1)操作支援（操作を指示する表現はどうすべきか）
例・１文１動作で
・操作―結果―操作のサイクルを示す
(2)参照支援（情報を探しやすくする）
例・出来上がり索引を使う
・目次はユーザーのタスクを考えて作る
(3)理解支援（わかりやすくする）
例・操作の目標を先に示す
・専門用語の使い方を慎重に

(4)動機づけ支援（読んでみたいと思わせる）
例・出来上がりを最初に示す
・実益を感じさせる
(5)学習・記憶支援（覚えるべきことを覚えやすくする）
例・基本操作を習熟させる
・実用的な練習問題を提供する

事例8-8 高齢者を意識した文書作成が必要

ちょっとした書類1枚の未提出が、131万人もの老人の年金2万円減額騒動となったというニュースが流れた。

退職前は、社会保険や税金関係のほとんどを職場でしてくれていたが、退職すると、すべて自分でしなければならない。相手は、堅物の行政窓口。そのやり方が実にわかりにくい。文書を読んでも、一度や二度では皆目わからないということが多い。

そして、これが一番問題なのだが、情報の受け手の頭の方もなまっているので、わかりにくさが倍増し、記入ミスや記入漏れが頻発する。

高齢者を対象にした「わかりやすい表現」は、65歳以上の高齢者が全人口の3割をまもなく超えることになる日本において、21世紀の生活課題の一つとして再浮上してくる予感がする。さらに、次の事例のような現実もすでに定着しつつある。

事例8-9 裁判員制度とわかりやすさ

平成21年、裁判員制度が施行された。ウィキペディアによると、次のように紹介されている。

「裁判員制度は、衆議院議員選挙の有権者(市民)から無作為に選ばれた裁判員が裁判官とともに裁判を行う制度で、国民の司法参加により市民が持つ日常感覚や常識といったものを裁判に反映するとともに、司法に対する国民の理解の増進とその信頼の向上を図ることが目的とされている」

ちなみに、これだけの内容を1文で書いている。こんなわかりにくい悪文を書く人々が裁判員制度を運用するのかと思うと、はじまる前から絶望的になってしまう。

それはさておき、法曹界は、ほとんどの国民にとってその重要性は認識できていても、みずからがその当事者になるとはまず思ってもいなかった世界である。それが、突然、裁判所になかば強制的に呼び出されて、判決の決定にかかわる一人になるのである。

これは、法曹界にとってのみならず、市民にとっても、いろいろの意味で画期的なことである。

わかりやすさに話を限定しても、この制度の画期的なところは、法律の壁で強固に守られていた法曹界が、その外にいる市民を受け入れるにあたり、どのようにコミュニケーションをはかるかを考えざるをえなくなったことである。

これまでは、法律知識とその運用技術を共有していた人々の間でのコミュニケーションで済んでいたのが、ほとんど知的な共有基盤を持たない人々とコミュニケーションをしなければならなくなったのである。考え方のくせや視点の違いなど知的基盤のもっと大掛かりなところでのギャップにまで思いをはせなければならなくなった。

85, 89
表現単位 75
表現文化論 14
符号化 22, 29, 33, 118, 124, 134
プライミング現象 165
フラクタル的空間 188
ブラック・ボックス 104
プラトン 30, 124
フロイト 21
文章技法 28, 73, 88, 127, 182
ヘイズとフラワーのモデル 63
ポリアンナ原理 124

【ま行】

マクロモデル 20, 62, 133
マジカルナンバー 26, 209
マニュアル 6, 74, 105, 117, 126, 147, 171, 225
命題 78, 83, 112, 125
向山洋一 179
迷路的な空間 188
メタ認知 89, 107, 115, 223
メノン 30, 124
メンタルモデル 81, 112, 119, 122, 156, 161, 165, 168, 174, 179, 182, 186, 190, 197, 209, 221
文字符号 50
モジュール化 74
モニタリング・システム 89
物語化 216
物語文法 84
茂呂雄二 48

【や行】

山梨正明 177
吉田章宏 196

【ら行】

理解支援 228
領域固有性 119
類似性 67, 68, 178, 224
類推思考 121
レイアウト 206
連想マップ 68, 70, 73, 83, 92, 198
論理性 67, 68

【アルファベット】

KJ法 68, 70, 73, 83, 92, 198

直喩 176
貯蔵 22, 27, 29, 32, 63, 86, 180
直観的 106, 115, 121, 138, 148, 172, 202
提喩 176
デカルト 21
適性処遇交互作用 198
手続き型知識 112
転送路 34
転導推理 101
同化 110, 115, 133, 135, 139, 149, 162, 179
動機づけ支援 229
同型性ルール 58
動作システム 55
動作表現 48, 56
ドクター・フォックス効果 195
トピック・センテンス 83, 183
外山滋比古 83
取扱説明書 6, 46, 142
トレード・オフ 166

【な行】

ナラティブ・セラピー 217
二貯蔵庫モデル 23, 33, 110
入力情報 23, 107, 110, 114, 118
認知活動 107
認知過程 71, 89, 98, 115
認知機能 8, 10, 13, 23, 107, 222
認知技能 121
認知現象 36, 110
認知資源 193
認知心理学 13, 21, 63, 82, 84, 89, 103, 165, 208
認知地図 126
認知的コスト 38
認知的節約 38
認知的不協和 144, 160
認知特性 37, 38, 190
認知表現学 13, 23, 220

【は行】

パースペクティブ的空間 188
パターン認識 38, 113
パラグラフ 83, 183
パラドックス 30, 124
ピアジェ 111
ピグマリオン効果 200
比喩 118, 176
ヒューリスティクス（発見法） 38, 103
評価環境 223
表記システム 49, 55
表現意図 64, 89
表現活動 43, 48, 63
表現過程 85, 89
表現環境 89
表現技巧 57
表現技術 65
表現技法 65, 85
表現効果 202, 207, 215
表現システム 46, 48, 52, 63, 70,

コスト・パフォーマンス錯覚　208
固定観念　190
コントロール・システム　89

【さ行】

再生　36, 38, 209
再認　36, 38, 209
佐伯胖　188
先入れ先出しの原則　72, 184
作業記憶　30
索引　204, 228
参考文献　204
参照支援　228
支援機能　228
汐見稔幸　44
視覚表現　202
時系列性　67, 68
自己確認　43, 213
自己表現　59
実質陶冶　174
社会的自己　59
趣意説明の原則　180
主体的自己　59
シュロスバーグ　55
小宇宙的空間　188
照合　113, 114, 118, 124, 136, 142, 149, 162, 166, 184, 222
冗長性　118, 142, 149
情緒システム　109
情報処理　22, 23, 37, 63, 73, 85, 89, 133, 148, 155, 161, 169, 220
推論課題　31
スキーマ　111
ステレオタイプ思考　190
接続不全症候群　81
宣言型知識　112
前向性健忘　34
選択制限違反　177
相関性　67, 68
操作支援　228
装丁　206

【た行】

対偶　217
体験的知識　32, 90, 222
体制化　32, 67, 73, 82, 113
たいなあ方式　44
題目語　182
題目文　83, 125, 182
短期記憶　23, 24, 29, 31, 33, 63, 67, 71, 79, 86, 89, 91, 98, 104, 111, 114, 124
知的環境　211
知的好奇心　133, 135, 139, 145, 148, 151
チャンク　26, 36, 67, 79
注意資源　38
抽象化　95, 157
長期記憶　23, 27, 29, 31, 33, 63, 72, 74, 85, 98, 107, 111, 114, 118, 124
調節　110, 115, 134, 139, 149, 162

さくいん

【あ行】

アナログ的符号 112
アルコール・ブラックアウト 33
暗黙化 88, 91
意味生成説 41
意味的知識 112
意味ネットワーク表現 79, 136
イメージ思考 121
イメージ符号 50
因果性 67, 68
因果律 104, 115, 144
インターフェース 37, 127
隠喩 176
ウィキペディア 230
美しい理論 109
エピソード的知識 112
エレガントな理論 109
演繹論理 100, 161
オルソン 74
音韻システム 55

【か行】

快原理 124
外在化 67, 92
階層性 67, 68
概念枠 196, 216
拡散型好奇心 153
学習・記憶支援 229
仮言三段論法 102
カタルシス 43
川喜田二郎 68
記憶課題 31
技術文章 145
帰納法的飛躍 101, 106
帰納論理 100, 161
木下是雄 185
客体的自己 59
逆行性健忘 34
既有知識 110, 118, 135, 142, 157
教育内容（カリキュラム） 175
教科書的知識 90, 222
教授学習錯覚 207
具体例 94, 127
グライスの会話の公準 53, 74
クロンバック 199
計算課題 31
形式陶冶 175
ゲーデルの不完全性定理 109
言語的符号 112
検索 17, 22, 32, 86, 206, 227
構想の技術化 92
構想の具体化 66, 85, 89, 198
構想の単位化 66, 73
構想の中核 83, 184
構想優先症候群 71, 184

N.D.C.141.51　236p　18cm

ブルーバックス　B-2064

心理《しんり》学者《がくしゃ》が教《おし》える
読《よ》ませる技術《ぎじゅつ》　聞《き》かせる技術《ぎじゅつ》
心を動かす、わかりやすい表現のコツ

2018年 7 月20日　第 1 刷発行

著者　海保《かいほ》博之《ひろゆき》
発行者　渡瀬昌彦
発行所　株式会社講談社
〒112-8001 東京都文京区音羽2-12-21
電話　出版　03-5395-3524
販売　03-5395-4415
業務　03-5395-3615
印刷所　（本文印刷）豊国印刷株式会社
（カバー表紙印刷）信毎書籍印刷株式会社
製本所　株式会社国宝社

定価はカバーに表示してあります。

ISBN978-4-06-512463-5

発刊のことば

科学をあなたのポケットに

二十世紀最大の特色は、それが科学時代であるということです。科学は日に日に進歩を続け、止まるところを知りません。ひと昔前の夢物語もどんどん現実化しており、今やわれわれの生活のすべてが、科学によってゆり動かされているといっても過言ではないでしょう。

そのような背景を考えれば、学者や学生はもちろん、産業人も、セールスマンも、ジャーナリストも、家庭の主婦も、みんなが科学を知らなければ、時代の流れに逆らうことになるでしょう。

ブルーバックス発刊の意義と必然性はそこにあります。このシリーズは、読む人に科学的に物を考える習慣と、科学的に物を見る目を養っていただくことを最大の目標にしています。そのためには、単に原理や法則の解説に終始するのではなくて、政治や経済など、社会科学や人文科学にも関連させて、広い視野から問題を追究していきます。科学はむずかしいという先入観を改める表現と構成、それも類書にないブルーバックスの特色であると信じます。

一九六三年九月

野間省一

1656 今さら聞けない科学の常識2　朝日新聞科学グループ＝編
1660 図解　電車のメカニズム　宮本昌幸＝編著
1666 理系のための「即効！」卒業論文術　中田　亨
1667 太陽系シミュレーター　Windows7／Vista対応版　DVD-ROM付　SSSP＝編
1671 理系のための研究生活ガイド　第2版　坪田一男
1676 図解　橋の科学　土木学会関西支部＝編　田中輝彦／渡邊英一他
1683 図解　超高層ビルのしくみ　鹿島＝編
1688 武術「奥義」の科学　吉福康郎
1695 ジムに通う前に読む本　桜井静香
1696 ジェット・エンジンの仕組み　吉中　司
1699 これから始めるクラウド入門　2010年度版　リブロワークス
1707 「交渉力」を強くする　藤沢晃治
1725 魚の行動習性を利用する釣り入門　川村軍蔵
1753 理系のためのクラウド知的生産術　堀　正岳
1755 振り回されないメール術　田村　仁
1763 エアバスA380を操縦する　キャプテン・ジブ・ヴォーゲル　水谷　淳＝訳
1773 「判断力」を強くする　藤沢晃治
1777 たのしい電子回路　西田和明
1783 知識ゼロからのExcelビジネスデータ分析入門　住中光夫
1791 卒論執筆のためのWord活用術　田中幸夫
1793 論理が伝わる　世界標準の「書く技術」　倉島保美
1794 いつか罹る病気に備える本　塚﨑朝子
1796 「魅せる声」のつくり方　篠原さなえ
1813 研究発表のためのスライドデザイン　宮野公樹
1817 東京鉄道遺産　小野田　滋
1835 ネットオーディオ入門　山之内　正
1837 理系のためのExcelグラフ入門　金丸隆志
1847 論理が伝わる　世界標準の「プレゼン術」　倉島保美
1858 プロに学ぶデジタルカメラ「ネイチャー」写真術　水口博也
1863 新幹線50年の技術史　曽根　悟
1864 科学検定公式問題集　5・6級　桑子　研／竹内　薫＝監修　竹田淳一郎　村上道夫／永井孝志　小野恭子／岸本充生
1868 基準値のからくり　能勢　博
1877 山に登る前に読む本　藤田佳信
1882 「ネイティブ発音」科学的上達法　木嶋利男
1886 関西鉄道遺産　小野田　滋
1895 「育つ土」を作る家庭菜園の科学　木嶋利男
1900 科学検定公式問題集　3・4級　桑子　研／竹内　薫＝監修　竹田淳一郎
1904 デジタル・アーカイブの最前線　時実象一
1910 研究を深める5つの問い　宮野公樹
1914 論理が伝わる　世界標準の「議論の技術」　倉島保美
1915 理系のための英語最重要「キー動詞」43　原田豊太郎

ブルーバックス　趣味・実用関係書（Ⅲ）

1919 「説得力」を強くする　藤沢晃治
1920 理系のための研究ルールガイド　坪田一男
1926 SNSって面白いの？　草野真一
1934 世界で生きぬく理系のための英文メール術　吉形一樹
1938 門田先生の3Dプリンタ入門　門田和雄
1947 50ヵ国語習得法　新名美次
1948 すごい家電　西田宗千佳
1951 研究者としてうまくやっていくには　長谷川修司
1958 理系のための法律入門　第2版　井野邊　陽
1959 図解　燃料電池自動車のメカニズム　川辺謙一
1965 理系のための論理が伝わる文章術　成清弘和
1966 サッカー上達の科学　村松尚登
1967 世の中の真実がわかる「確率」入門　小林道正
1976 不妊治療を考えたら読む本　浅田義正／河合　蘭
1987 怖いくらい通じるカタカナ英語の法則　ネット対応版　池谷裕二
1999 カラー図解　Excel「超」効率化マニュアル　立山秀利
2005 ランニングをする前に読む本　田中宏暁
2020 「香り」の科学　平山令明
2038 城の科学　萩原さちこ
2042 日本人のための声がよくなる「舌力」のつくり方　篠原さなえ
2055 理系のための「実戦英語力」習得法　志村史夫
2060 音律と音階の科学　新装版　小方　厚